T0119114

Liebe Leserinnen und Leser,

kultursensible Seelsorge ist ein Thema, dessen Wichtigkeit in einem Editorial nicht ausführlich begründet werden muss. Es wurde seit langer Zeit an vielen Orten virulent, seitdem die kulturelle Heterogenität aller Lebensbereiche nicht mehr zu übersehen ist. Im buchstäblichen Sinne lebensrettend kann kulturelle Sensibilität in Krankenhäusern sein, aber auch an anderen Stellen kann sie die Kommunikation erleichtern, sie kann bei der Ausrichtung von Lebenswegen helfen und allgemein das Zusammenleben beflügeln. Die Beratung multikultureller (Ehe-)Paare, der begleitende Umgang mit Menschen mit Migrationshintergrund, die kirchliche Gemeinschaft mit Gemeinden aus anderen Kontinenten und viele weitere unterschiedliche Kontexte fordern immer wieder eine Reflexion darüber, was die kulturelle Heterogenität für unsere Kommunikation bedeutet.

Sudhir Kakar bettet dieses Thema in seine eigene Erfahrung als Inder mit einem deutschen Psychoanalytiker ein. Er spielt die Thematik durch die Facetten dieser Beziehung Therapeut – Klient durch, allererst beobachtend, dass diese »Beziehung« für ihn von völlig anderer Art als für den Analytiker ist. Schon hier bricht die Frage auf: Muss ich in einer solchen Kommunikation ein Experte der Kultur des Gegenübers sein? Kakar beantwortet die Frage mit Nein, es gehe zunächst um die bewusste Offenheit gegenüber der *eigenen* Kultur.

Christoph Schneider-Harpprecht bietet in seinem Beitrag einen Überblick über einige Konzepte zur interkulturellen Seelsorge sowie, im Sinne einer Grundlegung, zu Versuchen einer Orientierung im Felde der Religionstheologie. Auch die Geschichte der muslimischen Seelsorge wird berührt. Er lässt sich auf der Basis von Erfahrungen in Brasilien zum Vorschlag einer interkulturellen systemischen Seelsorge führen, veranschaulicht an einem konkreten Beispiel einer brasilianischen Familie.

Eberhard Hauschildts Blick auf die Geschichte der Seelsorgetheorie seit Sokrates zeigt, dass es sich, auch auf dem Hintergrund der Milieuforschung, bei jeder Seelsorge immer schon um ein Feld der Trans- und Interkulturalität handelt. Hauschildt empfiehlt eine Auflösung des essentialisierenden Denkens über Religion und spricht von einer gegenseitigen Erschließung der jeweiligen Religion des Anderen im Vollzug der Kommunikation, die ihren Ausgang vom Missverstehen nimmt und das Verstehen sucht. Wichtig ist insbesondere der Hinweis, dass interkulturelle Kommunikation ihren Ort auch schon in der Verständigung eines deutsch-deutschen Ehepaares hat und insofern eine Querschnittskategorie zwischenmenschlicher Kommunikation darstellt, ohne dass essentialisierte Grenzen von Kultur oder Religion zugrundegelegt werden dürfen.

In den zwei darauf folgenden Beiträgen wird über zwei Missionare nachgedacht, die in zwei sehr unterschiedlichen Kontexten (ausgehendes Osmanisches Reich/Türkei und China bzw. südöstliches und östliches Asien) und zu verschiedenen Zeiten (Anfang des 20. bzw. erste Hälfte des 19. Jahrhunderts) Verdienste gegen den Strom erwarben, aber auch oder deshalb umstritten waren:

Leonie Geiger zeichnet in ihrem Beitrag die Geschichte des Millet-Systems im späten Osmanischen Reich nach sowie die politischen Dynamiken, in die der deutsche Missionar Johannes Lepsius in der Türkei und als Beobachter der dortigen politischen und religiösen Verhältnisse geriet. Seine Geringschätzung des Islam als Häresie war im Trend der Zeit, nicht jedoch seine Kritik am Völkermord an den Armeniern 1915/16, während gleichzeitig der deutsche Kaiser den Osmanen seine Freundschaft bekundete. Ulrich Dehn gibt einen Einblick in das ereignisreiche Leben Karl Gützlaffs, der seine Mission in China und anderen ostasiatischen Ländern überwiegend ohne Rückendeckung einer Missionsgesellschaft und in seinen letzten zwanzig Jahren als Kolonialbeamter der Briten vollbrachte. Berüchtigt war sein Engagement im Opiumhandel und im ersten Opiumkrieg auf der Seite der britischen Flotte gegen die Chinesen, bemerkenswert waren aber auch die Erfolge, dank derer er erhebliche Spuren in Ostasien hinterließ, u.a. als der mutmaßlich erste Deutsche, der seinen Fuß auf koreanischen Boden setzte.

Neben diesen beiden thematischen Blöcken findet sich schließlich der Aufsatz von Dirk-Martin Grube, dem jetzt in Amsterdam lehrenden deutschen Theologen, in welchem er einer Bitte der Schriftleitung folgt, aus seiner Warte der Fundamentaltheologie und Religionsphilosophie und seinem tiefen Interesse an interkultureller Theologie heraus noch einmal einen kritischen Blick auf die Beiträge des Themenheftes zur Interkulturellen Theologie zu werfen. Grube diskutiert und interpretiert die einzelnen Beiträge und verleiht damit dankenswerterweise den Diskussionen, die seinerzeit auf der Tagung in Hofgeismar im September 2013 geführt worden sind, noch einmal eine vertiefende Dimension.

Wir wünschen Ihnen mit dieser Orientierung auf drei thematische Schwerpunkte eine anregende Lektüre und laden Sie gerne dazu ein, Ihrerseits auf diese

Anstöße zu reagieren – die Rubrik des »Kritischen Forums« kann dazu genutzt werden, interessante Diskussionsbeiträge zu veröffentlichen.

Im Namen der Schriftleitung aus der Schweiz und aus Deutschland grüßt herzlich

Ulrich Dehn

Frieden ohne Ende (Jesaja 9,1–6)[1]

Tim Schramm

Das Volk, das im Finstern wandelt, sieht ein großes Licht; und über die da wohnen im finstern Lande, scheint es hell.
Du machst des Volkes viel; du machst groß seine Freude. Vor dir wird man sich freuen, wie man sich freut in der Ernte, wie man fröhlich ist, wenn man Beute austeilt.
Denn du hast das Joch ihrer Last und die Rute ihrer Schulter und den Stecken ihres Treibers zerbrochen wie zur Zeit Midians.
Denn alle Rüstung derer, die sich mit Ungestüm rüsten, und die blutigen Kleider werden verbrannt und mit Feuer verzehrt werden.
Denn uns ist ein Kind geboren, ein Sohn ist uns gegeben, und die Herrschaft ist auf seiner Schulter; und er heißt Wunderbar-Rat, Kraft, Held, Ewig-Vater, Friedefürst,
(Sein Name/Titel ist: »Wunder-Rat«, »Gott-ist-stark«, »Mein-Vater-auf-immer«, »Im-Dienst-des-Friedens«)
auf dass seine Herrschaft groß werde und des Friedens kein Ende auf dem Stuhl Davids und in seinem Königreich, dass er's zurichte und stärke mit Gericht und Gerechtigkeit von nun an bis in Ewigkeit.
Solches wird tun der Eifer des Herrn Zebaoth.
(Luther 1936)

»Gott – der rechte Kriegsmann« – das war das Thema im Gottesdienst am 1. Advent hier in der Kirche St. Katharinen, – heute – Kontrastprogramm: Frieden ohne Ende!
    Mit Gottes Hilfe? Wie mag das gehen? Was hören wir?

---

[1] Predigt im Universitätsgottesdienst der Universität Hamburg in der Hauptkirche St. Katharinen am 3. Advent, 14.12.2014.

Wir hören ein wunderbares Wort: »Das Volk, das im Finstern wandelt, sieht ein großes Licht!«»Über denen, die da wohnen im Schattenland, scheint es hell«. Märchenhaft schön dieser Satz.

Hier wird eine Hoffnung beschrieben, die wir gern verallgemeinern möchten: Wenn doch alle, die im Dunkel von Armut, Krankheit oder Todesgefahr unterwegs sind, wenn sie doch alle ein großes Licht sähen!

Aber davon kann keine Rede sein. Nur zu oft bleibt es einfach dunkel im finsteren Land – die da wohnen werden nicht gesehen und ihnen erscheint kein helles Licht. Lasst uns deshalb lieber sagen: »Es war einmal, ja, es war einmal ein Volk, das im Finstern wandelte, und dann war da Licht.« Gelegentlich gibt es das.

Dazu fallen uns Beispiele ein: Vor 25 Jahren das Licht der Freiheit nach langer Finsternis – die friedliche Revolution in unserem Land – keine Gewalt – »auf alles waren wir vorbereitet«, sagten die vormals Mächtigen, »nur nicht auf Kerzen und Gebete«. War das der Anfang von »Frieden ohne Ende«?

Vor 20 Jahren das Ende der Apartheid in Südafrika – 1994 wird Nelson Mandela zum Präsidenten gewählt. Helles Licht der Versöhnung im lange finsteren Land! Aber auch da kein Frieden ohne Ende!

Exakt zur gleichen Zeit – nicht weit entfernt – bricht Finsternis herein über Ruanda – Völkermord vor den Augen der Welt! Todesschattenland und kein Licht!

Nein, wir dürfen den schönen Satz vom Licht, das in die Finsternis scheint, nicht verallgemeinern – das ist keine Regel, politisch ebenso wenig wie individuell – eher ein seltenes Geschenk.

Das wusste auch Jesaja, dem wir den märchenhaft schönen Satz verdanken. Auch Jesaja hat mehr Finsternis als Licht erlebt – sein Wort, unser Text, ist ein Traum nach vorne, eine Heilsweissagung in tiefer Not.

Jesaja aus Jerusalem, der größte unter Israels Propheten, berufen im Jahre 739 vor Christus, – wie ein Vulkan – vierzig Jahre lang prophetisch aktiv – aktiv in turbulenter Zeit.

Weltmacht ist jetzt Assur, David und Salomo sind längst Geschichte; ihr Reich ist zerfallen – in Nord und Süd. Jesaja ist ein Zeitzeuge des Untergangs und er hat allenthalben Untergang prophezeit, den Weltmächten ebenso wie dem eigenen Volk. Einen grausamen Bruderkrieg muss er erleben: der Norden führt Krieg gegen den Süden – Israel gegen Juda: »Da bebte das Herz des Königs (in Jerusalem) und das Herz seines Volkes, wie Bäume im Wind beben.« (Jes 7,2) Auch Jesajas Herz wird gebebt haben wie ein Baum im Wind.

Der rebellische Norden wird abgestraft, wenige Jahre später ganz ausgelöscht, seine Bevölkerung – die zehn Stämme – werden deportiert und verschwinden aus der Geschichte. Damit nicht genug – auch Juda kommt unter die Räder. Der König in Jerusalem lässt sich verführen und beginnt, im Kräftespiel der Großmächte zu taktieren. Jesaja hat eindringlich davor gewarnt:

»Denn so spricht Jahwe, der Heilige Israels: Nur in Umkehr und Ruhe liegt eure Rettung, eure Stärke im gelassenen Abwarten und Vertrauen!« (Jes 30,15) Und: »Wehe denen, die hinabziehen nach Ägypten um Hilfe und verlassen sich auf Rosse und hoffen auf Wagen«. (Jes 31,1) Der Prophet plädiert – vergeblich – für Gottvertrauen: »Glaubt ihr nicht, so bleibt ihr nicht!« (7,9) Sein König treibt – gottlos – Realpolitik und verliert (fast alles).

Juda besetzt und verwüstet, Jerusalem – lange belagert – kommt diesmal noch mit totaler Unterwerfung davon. Jesaja beschreibt die Lage mit folgenden Worten: »Euer Land eine Wüste, eure Städte verbrannt, Euer Acker vor Euch von Fremden verzehrt; übrig nur Zion, wie eine Hütte im Weinberg, wie ein Nachtlager im Gurkenfeld, wie eine verwahrte Stadt.« (1,7f)

In dieser Situation die unglaubliche Verheißung – Israel, bis auf einen kleinen Rest dezimiert, wird auferstehen, sagt Jesaja – er sieht ein wirkliches Neuwerden voraus – die übergroße Not macht ihn messianisch – »Du, Gott, machst des Volkes wieder viel« – deshalb Jubel der Erlösten – deshalb – wann? – Freude wie in der Ernte! Befreiung aus Versklavung, Gefangenschaft, Unterdrückung – von Gott selbst ins Werk gesetzt – alle Rüstung und die blutigen Kleider verbrannt – »denn uns ist ein Kind geboren, ein Sohn ist uns gegeben, und die Herrschaft ist auf seiner Schulter«; bei der Inthronisation werden märchenhafte Titel verliehen: der Wunderbares plant / ein Vater für immer / in dem Gottes Heldenkraft wohnt / der Friedensfürst schlechthin!

(Mit ähnlichen Worten wurde Barack Obama 2009 nach seiner Rede in Kairo gepriesen, von Uri Avneri z.B., dem Friedensaktivisten in Israel: »Er hat die Landkarte einer neuen Welt aufgeschlagen / er ist der Sohn einer neuen Ära / ein Friedensbote für das 21. Jahrhundert!« – »He unfolded … the map of a new world. … Obama as the first messenger of the 21st century. He is the son of a new era …«)

Ist das Kind schon geboren? Es klingt wie »Ja« und scheint doch zugleich »Nein« – die Hoffnung ist futurisch: Seine Herrschaft *wird* groß und des Friedens *wird* kein Ende sein – die Leidenschaft Gottes *wird* dieses tun.

Ein zweiter David, ein Pazifist auf dem Thron, Herrschaft wieder vom Libanon bis ans rote Meer? Unvorstellbar! Zu wunderbar, um wahr zu sein!

Ach, Jesaja, warum glaube ich dir nicht? Ach, Jesaja, wie wenig hast du die Zukunft überblickt! Frieden ohne Ende? Recht und Gerechtigkeit allüberall und von jetzt an für immer? Alles spricht gegen deinen utopischen Traum; Wunschdenken hält dich gefangen. Deine Verheißung blieb und bleibt unerfüllt. Das sagen jedenfalls deine jüdischen Kommentatoren, während die Christen dich ahnungsvoll von Weihnachten sprechen hören.

Ach, Jesaja! Frieden ohne Ende? Wirklich Schalom? Nicht nur friedfertige Gesinnung oder innere Ruhe? Nein, nein, du sprichst doch von einem umfassenden Frieden. Keine Gewalt mehr unter den Menschen, weder in der Familie noch im Volk oder zwischen den Völkern? Nicht länger Krieg zwischen Mensch und Natur? In der Tiefe Versöhnung zwischen Gott und Welt? Wirklich Schalom!

Ach, Jesaja, warum glaube ich dir nicht? Du weißt es doch besser, kennst uns Menschen, gebrechlich, verführbar und schwach. Die Verlogenheit des Gottesdienstes, einen »Kultbetrieb ohne Herz«, hast du bekämpft; für Witwen und Waisen, für Arme und Elende hast du dich eingesetzt – soziale Missstände beim Namen genannt: »Gott wartete auf Guttat, und siehe da Bluttat! Gott wartete auf Gemeinschaftstreue, und siehe da Hilfeschreie!« (5,7) Und jetzt willst du uns glauben machen, dass Schwerter zu Pflugscharen werden, dass wir Krieg nicht mehr lernen (2,4), ja, dass Gerechtigkeit und Friede sich küssen (Ps 85,11)?

Nicht nur die Nachrichten dieses Jahres sprechen gegen solche politische Utopie: 51 Mill. Flüchtlinge – Gaza – Syrien – Irak – Afghanistan – Japan will den Art. 9 seiner Verfassung abschaffen, in dem es sich – einzig auf der Welt – zum Pazifismus verpflichtet hatte. Nicht Frieden, Jesaja, sondern Krieg ohne Ende!

An dieser Stelle habe ich mein Gespräch mit Jesaja unterbrochen, abgelassen vom Hin und Her zwischen seiner Hoffnung und meinem Zweifel. Ich habe Ps 71 gelesen. Das schöne Lied haben wir vorhin gemeinsam gebetet: Weil ich nicht mehr der Jüngste bin, spricht mich Vers 9 besonders an: »Du bist meine Zuversicht, Gott, und meine Hoffnung... Verwirf mich nicht in meinem Alter, verlass mich nicht, wenn ich schwach werde.«

Diese Bitte berührt mich umso mehr, seit ich die Deutung kenne, die Rabbi Israel dafür gefunden hat. Rabbi Israel sagt: »Verwirf mich nicht in meinem Alter, das heißt: verwirf mich nicht zur Zeit des Alterns«, und das heißt: »Lass mir meine Welt nicht alt werden.« Das also soll mein Gebet sein:

»Guter Gott, lass mir meine Welt nicht alt werden!«, denn »Neu bist du an jedem Morgen – groß ist deine Treue«. (Kl 3,23) Ist es erwachsen, abgeklärt zu sein? Ist es alt, resigniert oder gar zynisch zu werden?

»Guter Gott, Deine große Treue macht die Welt für uns an jedem Morgen neu! Das möchte ich glauben, hilf meinem Unglauben«.

Kein Mensch wird alt, weil er eine Anzahl von Jahren hinter sich gebracht hat. Alt bin ich, wenn die »Sehnsucht nach dem Wunderbaren« in mir erlischt. »Du bist so jung wie deine Zuversicht, so alt wie deine Zweifel. So jung wie deine Hoffnung, so alt wie deine Verzagtheit.«, sagt Albert Schweitzer.

Jesaja ist auch in tiefer Not jung geblieben; er träumt – wie alle wahre Religion – die größten Wünsche der Menschheit – die größten, auch die empirisch unerfüllbaren. Sein Glaube ist auf der Suche nach dem Absoluten.

Gott bleibt ihm die Kraft der Hoffnung gegen alle Hoffnung.

Das möchte ich im Advent von Jesaja lernen, das möchte ich glauben.

Ja, Jesaja, wir brauchen den *Stachel* deiner Utopie, damit wir uns nicht abfinden mit dem, was wir vorfinden.

Ja, Jesaja, wir brauchen deinen Traum – er entfaltet seine Wirkung schon jetzt, wenn wir mehr Gerechtigkeit, mehr Solidarität, mehr Frieden wagen!

Ja, wir brauchen den *Stachel* der Utopie! Sie ist Ausdruck eines Ur-Vertrauens, das glaubt: Stärker als alle Absurdität dieser Welt ist Gottes Liebe, stärker auch als der Tod.

Und wir brauchen auch den *Trost,* der sich in deiner Utopie verbirgt, damit wir getröstet werden und selber trösten können.

Wenn dein Kind auffährt aus tiefem Schlaf in der Nacht, wenn es weint und schreit – auf der Flucht vor den Schreckensbildern eines Albtraums – dann nimmst du es in den Arm und sagst: »Hab keine Angst! Alles ist wieder gut. Du sagst: *Es ist alles gut*!« Du weißt sehr wohl, dass nicht alles gut ist. Lügst du, wenn du so tröstest? Nein, du lügst nicht; vielleicht übertreibst du, aber diese Übertreibung ist ein Medium der Wahrheit.

Warum? Weil der Trost, den du gibst, über dich selbst und das Kind und die Situation hinausreicht. Du verlässt die »natürliche« Wirklichkeit und setzt deine Hoffnung – wie Jesaja – auf die transzendente Wirklichkeit Gottes.

Dazu helfe uns Gott, heute, an Weihnachten und immer neu!

(Prof. Dr. Tim Schramm ist emeritierter Professor für Neues Testament an der Universität Hamburg)

Psychoanalyse, Psychologie und nicht-westliche Kulturen

Sudhir Kakar

Der Großteil unseres Wissens darüber, wie Menschen fühlen, denken und handeln, leitet sich aus einer kleinen Teilmenge der menschlichen Bevölkerung her, die der Psychologe Jonathan Haidt[1] WEIRD (sonderbar) benannte. WEIRD steht hier für die Anfangsbuchstaben von *Western, Educated, Industrialised, Rich and Democratic.* Die Mehrheit der Psychologen, Soziologen und Psychotherapeuten gehören genauso zu dieser WEIRD-Gruppe wie die Subjekte, die sie studieren, behandeln oder über die sie spekulieren. Es ist diese Gruppe statistischer Sonderfälle, aus der sich sowohl die Therapeuten als auch die Klienten des gegenwärtigen psychoanalytischen Wissens rekrutieren. Dieses Wissen wird dann dem Rest der Menschheit unbekümmert übergestülpt.

Haidt veranschaulicht die Kluft zwischen der Gruppe der WEIRD und anderer Menschen in seiner Studie über Moral, in der er zwölf Gruppen unterschiedlicher sozialer Klassen in verschiedenen Ländern untersucht. Er erzählt jeder befragten Person mehrere Geschichten und fragt dann, ob Menschen in der Geschichte unrecht handelten und falls das so sei, warum es unrecht ist. Eine der Geschichten lautet wie folgt:

> »Ein Mann geht einmal wöchentlich in den Supermarkt und kauft ein Huhn. Bevor er das Huhn aber kocht, hat er Geschlechtsverkehr mit dem toten Tier. Dann kocht und isst er es.«

Eine der befragten Gruppen kam von einer liberalen Universität in den USA, unter den Gruppen zweifellos die am stärksten vertretene WEIRD-Gruppe. Es war die einzige aller zwölf Gruppen, in der die Mehrheit (73 %) die Huhn-Ge-

---

[1] Jonathan Haidt, The Righteous Mind, New York 2012.

schichte tolerierte. Sie fanden es o.k., denn »es ist sein Huhn, es ist tot, niemand wird verletzt, und es geschieht im Privaten«.

Oder, um Anurag Mishras[2] Analogie von Psychoanalyse und Wein zu übernehmen: Das *terroir* – also Gebiet – eines Weins ist ein spezifischer Ort mit bestimmter Erde und bestimmtem Klima. Selbst wenn Weine aus denselben Rebsorten hergestellt werden, entstehen unterschiedliche Weine, weil die *terroirs*, in denen die Rebstöcke gedeihen, sich unterscheiden. Die *terroirs* des *Menschen* – historisch, geografisch, kulturell, sozial, politisch, religiös – unterscheiden sich ebenso und werden entsprechend verschiedene »psychoanalytische Weine« hervorbringen. Das *terroir* der Psychoanalyse ist seit mehr als einem Jahrhundert und auch weiterhin *westlich*.

Die moderne Psychotherapie enthält viele westliche kulturelle Ideen und Ideale, die die psychotherapeutische Theorie und Praxis durchdringen. Grundlegende Ideen über menschliche Beziehungen, Familie, Heirat, männlich und weiblich und so weiter, die ihren Ursprung in westlicher Kultur haben, durchdringen den analytischen Raum und werden vom Analytiker und Patienten gleichermaßen geteilt. Sie werden häufig nicht hinterfragt und als »universell« gültig betrachtet.

Lassen sie mich erst auf meine eigene Lehranalyse zurückblicken. Um mit unserer Beziehung anzufangen: Ich wies meinem Analytiker im Universum von Lehrer-Heilern *den* Platz zu, der in der indischen Tradition gewöhnlich dem persönlichen Guru vorbehalten ist. Es schien, dass ich – unbewusst – einem anderen Beziehungsmuster folgte, nämlich dem der sehr viel intimeren Guru-Schüler-Bindung als mein Analytiker, dessen Orientierung stärker von der mehr vertraglichen Arzt-Patienten-Beziehung bestimmt wurde. In *meinem* kulturellen Leitbild war er die Personifizierung des weisen alten Mannes, der einen ernsthaften und hart arbeitenden Schüler wohlwollend leitete. Einen Schüler, der die Verantwortung für sein Wohlbefinden, auch das leibliche Wohlbefinden, *ganz* dem Lehrer übertragen hatte. Aus diesem Beziehungsmuster leiteten sich beispielsweise auch meine Erwartungen ab, dass der Analytiker mir finanzielle Hilfestellung leisten solle. Mein Guru-Leitbild verlangte auch, dass mein Analytiker sein Mitgefühl, sein Interesse, seine Wärme und seine Aufgeschlossenheit stärker zeigen sollte, als es im psychoanalytischen Modell gewöhnlich oder sogar möglich ist.

---

[2] Anurag Mishra, Sudhir Kakar – Psychoanalytic Wine from Indian Terroir: Towards a Compassionate Psychoanalysis, Unveröffentlichter Vortrag, Int. Psychol. Congress, Capetown, July 2012.

Ein Händeschütteln mit den Worten »Guten Morgen, Herr Kakar« am Anfang der Sitzung und ein Händeschütteln am Ende der Sitzung mit »Auf Wiedersehen, Herr Kakar« – selbst wenn es von einem freundlichen Lächeln begleitet war – entsprach einer kargen Hungerration für jemanden, der den Analytiker als seinen Guru adoptiert hatte.

Ich fühlte mich zwar nicht unwohl mit langen Schweigepausen während einer Sitzung, nur wünschte ich mir, dass das Schweigen ein Teil anderer Formen der Kommunikation wie Tonlage und Intonation der Stimme, Mimik, Gebärden und Gesten sein sollte. In einem anderen Aufsatz habe ich erwähnt, dass die Hervorhebung der Sprache in der analytischen Kommunikation im Kontrast zum vorherrschenden indischen Idiom steht, bei dem Worte nur ein kleiner Teil des riesigen Repertoires an Zeichen und Symbolen sind.

Natürlich bezieht sich dieser Kontrast auf einen profunden kulturellen Unterschied in der Beziehung von Sprache und Wahrheit. Sprache in der hinduistischen und besonders der buddhistischen Welt ist inhärent ungeeignet, das zum Ausdruck zu bringen, was real ist. Sie schafft Distanz zwischen den Dingen und uns und ist deshalb irreführend. Zu sprechen heißt in einem Netz von Trugbildern gefangen zu sein. Wahrheit wird als unaussprechlich betrachtet, nur das Schweigen ist wahr. In einer solchen Vision der Beziehung zwischen Sprache und Schweigen verhält sich die kulturelle Erwartung an den Heiler-Lehrer mit den Worten des indischen Heiligen Dabu aus dem 16. Jahrhundert wie folgt:

> Als erstes spricht der Guru im Geiste
> Dann mit seinem Blick
> Wenn der Schüler ihn so nicht versteht
> Unterweist er ihn schließlich mit seinem Wort
> Wer das gesprochene Wort versteht,
> Ist ein gewöhnlicher Mensch
> Wer die Gesten zu deuten weiß, ein eingeweihter
> Wer die Gedanken liest
> die unerforschlichen, unergründlichen, ist Gott.[3]

Ich frage mich, wie viele von uns realisieren, dass der Rhythmus unserer gesprochenen Deutungen und des Schweigens nicht nur vom Verlauf der Analyse bestimmt wird, sondern auch kulturell konstituiert ist; dass die Deutungen des

---

[3] Catherine Clement/Sudhir Kakar, Der Heilige und die Verrückte, München 1993, 209.

Schweigens – die des Analytikers gegenüber dem Patienten und umgekehrt – auch kulturelle Komponenten haben, die von beiden nicht wahrgenommen werden. In meiner Analyse, mit unseren jeweiligen kulturellen Orientierungen, wurde auch den Beziehungen gegenüber Familienangehörigen unterschiedliche Bedeutung beigemessen. In meiner Kindheit beispielsweise verbrachte ich lange Zeiträume in den erweiterten Großfamilien meiner Eltern. Verschiedene Onkel, Tanten, Cousinen und Cousins waren in der Zeit meines Heranwachsens von großer Bedeutung. Sie nun in den analytischen Deutungen auf elterliche Figuren zu reduzieren oder ihnen nur flüchtige Aufmerksamkeit zu schenken, kam einer Verarmung meiner inneren Welt gleich.

Wie ich im Allgemeinen später merkte, waren unsere voneinander abweichenden Vorstellungen über die »wahre« Natur menschlicher Beziehungen die Folge eines grundlegenden Unterschieds der kulturellen Betrachtungsweise.[4] Die modernen, westlichen Wissenschaften vom Menschen konzipieren den Menschen als ein individuelles (unteilbares) Wesen, das sich selbst gleich bleibt, geschlossen ist und eine innerlich homogene Struktur hat. Dagegen vertreten indische Theoretiker die Meinung, dass der Mensch ein »Dividuum«, d. h. teilbar ist. Nach dem Anthropologen McKim Marriott ist das hinduistische Dividuum offen, mehr oder weniger flüssig und nur zeitweilig integriert; es ist keine Monade, sondern (mindestens) eine Dyade, die ihr persönliches Wesen aus zwischenmenschlichen Beziehungen ableitet. Diese stärkere Einbeziehung des Menschen in die Gemeinschaft beschränkt sich nicht auf das traditionelle, ländliche Indien. Auch für städtische und hochausgebildete Menschen, die den Großteil der psychotherapeutischen Patienten ausmachen, ist die Orientierung an *Beziehungen* noch immer die »natürlichere« Betrachtung von Selbst und Welt. Mit anderen Worten, für diese Menschen sind persönliche Affekte, Bedürfnisse und Motive relational und entsprechend sind ihre Leiden Störungen von Beziehungen.

Auch wenn der hohe Wert, den die Verbundenheit in Indien einnimmt, sich am deutlichsten in den Beziehungen zu anderen äußert, ist es nicht so, dass Inder keine Selbstwahrnehmung als handelnde Subjekte haben oder nicht in der Lage sind zu funktionieren, wenn sie allein sind. Allerdings haben sie eine größere Bedürftigkeit, in Gemeinschaft mit anderen zu sein, betreut und angeleitet zu werden, und tendieren dazu, sich mit den Erfordernissen, die die äußere Welt ihnen abverlangt, gänzlich auf die Unterstützung anderer zu verlassen. Damit

---

[4] Vgl. Sudhir Kakar, Kultur und Psyche, Gießen 2012.

einhergehend sind sie im stärkeren Maße Gefühlen der Hilflosigkeit ausgeliefert, wenn ihre Bindungen unter Spannung geraten.

Kann es sein, dass mein Analytiker so war wie andere westliche Psychoanalytiker, die ich in der Zeit meiner Lehranalyse las und die dies als »Schwäche« der indischen Persönlichkeit interpretierten? Eine Auslegung, die unvermeidlich der verallgemeinernden Wertung zugrunde liegt, dass Unabhängigkeit und Initiative »besser« seien als gegenseitige Abhängigkeit und Gemeinschaft? Wir bedienen uns häufig einer Sprache, die aufbauend auf unserem kulturellen Hintergrund dasselbe Verhalten entweder pathologisiert oder normal erscheinen lässt; der Unterschied zwischen »abhängig« und »anhänglich« ist mehr eine Frage des gewählten Adjektivs als tatsächliche inhaltliche Substanz. Aber natürlich hängt es von dem Bild einer Kultur ab, das sie von einer »guten Gesellschaft« und von »persönlichen Tugenden« hat, ob das Verhalten eines Menschen in Beziehungen sich auf der Skala zwischen Isolation und Verschmelzung eher dem Isolationspol oder dem Verschmelzungspol nähert.

Lassen Sie mich hinzufügen, dass ich natürlich keine vereinfachte Dichotomie zwischen dem westlichen Bild eines individuellen, autonomen Selbst und einem an Beziehungen orientierten, überpersönlichen Selbst meiner eigenen indischen Kultur nahelegen will. Beide Visionen menschlicher Erfahrung sind allen größeren Kulturen eingeschrieben, obgleich eine Kultur die eine Erfahrung auf Kosten der anderen betonen und hervorheben mag. Was die Vertreter der Aufklärung im Westen in den letzten Jahrhunderten in den Hintergrund gedrängt haben, ist der noch immer dominante Wert indischer Identität, nämlich dass die größte Quelle menschlicher Stärke in der harmonischen Integration mit der Familie und der Gruppe liegt. Sie betont, dass die Zugehörigkeit zu einer Gemeinschaft das grundlegendste Bedürfnis des Menschen ist. Nur wenn ein Mensch wirklich einer solchen Gemeinschaft angehört – auf natürliche Weise und ohne darüber nachdenken zu müssen –, kann er am Fluss des Lebens teilhaben und ein vollständiges, kreatives und spontanes Leben führen.

Von daher ist es nicht überraschend, dass die hervorstechendste Erscheinungsform von Schuld im indischen Kulturbereich Beziehungsschuld ist, respektive und noch spezifischer ihre Sonderform, die unter dem Namen ›Trennungsschuld‹ firmiert – die Schuld, sich von Familienmitgliedern getrennt zu haben.[5]

---

[5] Vgl. Arnold H. Modell, The origins of certain forms of pre-oedipal guilt and the implications for a psychoanalytic theory of affects, in: Int. J. Psychoanal. 52 (1971), 337–346; Ders., Self preservation and the preservation of self, in: Annual Psychoanal. 12 (1984), 69–86.

Nach Modells Ansicht fühlen sich Individuen, die Trennungsschuld empfinden, nicht nur illoyal, weil sie Familienmitglieder verlassen haben, sondern fürchten, dass ihre Absetzung von denen, die in der Familie bleiben, den Tod der Letzteren bewirken wird.[6] Bei Menschen, die in fremde Länder auswandern, spiegelt sich diese unbewusste Schuld häufig in der sie gänzlich durchdringenden Vorstellung, dass ihre Eltern in ihrer Abwesenheit sterben werden.

Modell beobachtet, dass dieses Gefühl, den Tod von Familienmitgliedern zu bewirken, von einer unbewussten Phantasie herrührt, der Phantasie nämlich, dass der Schritt, sich von Familienmitgliedern zu trennen und etwas für sich allein zu haben, diese Familienmitglieder ihrer Lebenskraft beraubt. Was indische Männer angeht, so zeigt meine klinische Erfahrung, dass die Wurzeln der Trennungsschuld zurückgehen auf das kindliche Gefühl, dafür bestraft worden zu sein, sich von der Mutter getrennt, ja mehr noch, sie verlassen zu haben.

In der Kultur der indischen Hindus findet sich ein Mythos, der diese besondere psychologische Konstellation, vor die Wahl gestellt zu sein, die Mutter zu verlassen oder bei ihr zu bleiben, beispielhaft in Szene setzt; es ist eine Erzählung von einem der populärsten Hindu-Götter, Ganesha, der Überwinder aller Hindernisse und der Gott aller Anfänge. Die *Dramatis Personae* dieser Mythos-Version aus Südindien und Sri Lanka sind die Große Gottheit (Mahadevi), hier in der Gestalt von Shivas Frau Uma, außerdem Ganesha sowie sein jüngerer Bruder Skanda, ein Gott der Heldentaten.

> »Eine Mango schwamm den Fluss hinunter, und Uma, die Mutter, sagte, dass derjenige, der zuerst das Universum umrundet habe, die Mango bekäme [In anderen Versionen werden *Modakas* – Bällchen aus Reis und Zucker – oder Ehefrauen versprochen]. Skanda bestieg ohne zu zögern seinen goldenen Pfau und umrundete das Universum. Ganesha aber, der eine Ratte ritt, war klüger. Er dachte: ›Was könnte meine Mutter damit gemeint haben?‹ Er umkreiste seine Mutter, brachte ihr seine Ehrerbietung dar und sagte: ›Ich habe mein Universum umrundet.‹ Da Ganesha recht getan hatte, gab ihm die Mutter die Mango. Skanda war wütend, als er wiederkehrte, und verlangte die Mango. Doch bevor er sie fassen konnte, biss Ganesha hinein und brach sich einen seiner Stoßzähne ab.«[7]

Hier sind Skanda und Ganesha Personifikationen der zwei gegensätzlichen Wünsche des älteren Kindes. Es ist zerrissen zwischen dem starken Drang nach einem

---

[6] Ebd. 78.
[7] Gananath Obeyesekere, The Cult of the Goddess Pattini, Chicago 1984, 471.

unabhängigen und autonomen Wirken einerseits und einem ebenso starken Sog, sich aufzugeben und wieder einzutauchen in die umhüllende Vereinigung mit der Mutter, der er gerade erst entwachsen ist. Indem Skanda dem Drang nach Individuation und Unabhängigkeit nachgibt, erleidet er eine Art Bestrafung – die Verbannung aus der Sphäre der mütterlichen Freigebigkeit – und erlangt eine Art Belohnung – das Versprechen eines Wirkens als erwachsener, männlicher Mann. Die Rückkehr zur Mutter – und Ganeshas Verzehren der Mango betrachte ich als Rückkehr zur mütterlichen Brust, zum Stillvorgang, besonders seit wir wissen, dass in Tamil Nadu die Analogie zwischen einer Mango und der weiblichen Brust im kollektiven Bewusstsein verankert ist – die Rückkehr zur Mutter also hat den abgebrochenen Stoßzahn, den Verlust potentieller Männlichkeit, zur Folge. Indem er Kind bleibt, kommt Ganesha andererseits in den Genuss, niemals die Schmerzen der Trennungsschuld im Blick auf die Mutter erfahren zu müssen, niemals die Verzweiflung über ihre Abwesenheit fühlen zu müssen. Dass Ganeshas Schicksal als überlegen gegenüber Skandas betrachtet wird, ist vielleicht ein Hinweis auf die Präferenz der indischen Kultur angesichts des Dilemmas zwischen Trennung und Individuation. Er ist einig mit seiner Mutter in ihrem Wunsch, der Sohn möge sie nicht verlassen, möge nicht zum Individuum außerhalb ihrer vereinten Existenz werden.

Die Formen der Schuld sind nicht nur beeinflusst durch die Kultur, sondern auch durch wechselnde sozio-ökonomische Bedingungen einer Gesellschaft. In den letzten 30 Jahren etwa hat Indien eine rasante ökonomische Entwicklung erfahren, die einherging mit der Entstehung einer breiten Mittelschicht und enormen Migrationsbewegungen der Bevölkerung, sowohl der Zuwanderung ins Land als auch der Abwanderung ins Ausland auf der Suche nach wirtschaftlichen Möglichkeiten. Zumindest einige der erfolgreichen Migranten leiden unter einer milden Form sogenannter »Überlebensschuld«. In seiner milderen Form bezieht sich dieses Schuldgefühl auf den Umstand, mehr Glück und größeren Erfolg als andere Mitglieder der Familie zu haben und ihnen so auf eine Art die faire Aufteilung von Erfolg und Reichtum vorenthalten zu haben, die der gesamten Familie zugestanden hätte.

In der Praxis sind die kulturellen Orientierungen von Patienten, die zu einer psychoanalytischen Therapie kommen, natürlich nicht diametral gegensätzlich zu denen des Therapeuten – und das ermöglicht überhaupt erst Psychotherapie in nicht-westlichen Kulturen. Die meisten nicht-westlichen Patienten (Migranten also), die von Therapeuten in den USA oder Europa behandelt werden, haben sich in unterschiedlichem Maße in die dominante Kultur ihres Gastlandes integriert. Ebenso sind Patienten der Psychotherapie in *nicht*-westlichen Kulturen, wie auch ihre Therapeuten, mehr oder weniger verwestlicht. So neigen sie beispielsweise dazu, in ihrer Selbsterfahrung stärker individualisiert (und kulturell entwurzelt) zu sein als der Großteil ihrer traditionellen Landsleute.

Es gab zwischen meinem deutschen Analytiker und mir wahrscheinlich auch andere kulturelle Differenzen, die *ebenso* grundlegend in unseren Weltanschauungen und Vorstellungen vom Menschen und der menschlichen Natur auseinandergingen; wie Kultur sogar geschlechtliche Darstellungen des Körpers beeinflusst.

Das Vorhandensein unterschiedlicher kultureller Deutungen männlicher und weiblicher Körperideale hat dazu geführt, dass beispielsweise Europäer in der Kolonialzeit indische Männer als unmännlich bezeichnet haben – einmal abgesehen von den sogenannten »Kriegerrassen«, nämlich den Sikhs, Rajputs und Jats. Derartige Körperbilder sind reflexive Urteile unserer tief sitzenden und kaum reflektierten Überzeugungen davon, was maskulin und feminin ist, was männlich und was unmännlich ist.

Würde man versuchen, die sexuelle Differenzierung von Menschen auf einer Skala graphisch darzustellen, dann gäbe es ein Minimum an Differenzierung, das notwendig ist, um mit gewisser Lust heterosexuell zu funktionieren. Und am anderen Ende der Skala ein Maximum, das jegliche Empathie und den emotionalen Kontakt mit dem anderen Geschlecht abschneidet. Zwischen diesen beiden Polen gibt es ein Spektrum geschlechtlicher Positionierungen, die von der einen oder anderen Kultur besetzt sind, wobei jede Kultur beansprucht, dass ihre Einstellung die einzige reife und gesunde ist.

Ein Grundthema der indischen Psyche, das sich anders gestaltet als in der westlichen Kultur, bezieht sich auf die Differenzierung der Geschlechter, die wir zuerst als Säuglinge machen; nämlich die tiefe Einsicht, dass alle Menschen entweder männlich oder weiblich sind. Diese Differenzierung ist zwar universal, aber unser kulturelles Erbe formt in uns weiter aus, *was* männliches oder weibliches Sein, Denken, Aussehen und Verhalten ist. Dies zeigt sich sehr deutlich in griechischen und römischen Skulpturen, die – wie wir finden – die *westlichen* Geschlechtsvorstellungen stark beeinflusst haben. Hier werden männliche Götter mit sehnigen, stark muskulösen Körpern und Brustkörben ohne eine Spur von Fett dargestellt. Man braucht diese Darstellungen nur einmal vergleichen mit den Skulpturen hinduistischer und buddhistischer Götter, bei denen die Körper weicher und runder gearbeitet sind. Diese Nähe indischer Götter zur weiblichen

Form zeigt sich besonders deutlich in dem Bildnis des buddhistischen *bodhisattva Avalokiteshvara*, der mit seiner jungenhaften Figur oft in traditionell weiblicher Pose gezeigt wird. Aus dieser sexuell mehrdeutigen Figur des *Avalokiteshvara* leitet sich später die chinesisch-buddhistische Göttin *Kuan-Yin* ab.[8] Die Minimalisierung der Unterschiede zwischen Weiblichkeit und Männlichkeit in indischen Skulpturen findet ihren Höhepunkt in der Gestalt des *Ardhanarishvara*, »halb Mann, halb Frau«, eine Form des großen Gottes *Shiva*, vertikal geteilt in eine männliche und eine weibliche Körperhälfte.

Die geringeren visuellen Unterschiede zwischen männlich und weiblich werden außerdem verstärkt durch eine wichtige, vielleicht dominante Form der indischen Religiosität, der *bhakti*. Unter *bhakti* versteht man eine fromme, liebende Hingabe an das Göttliche. In ihr werden feminine Bestrebungen zu einer religiös-spirituellen Suche erhoben. Im frommen *Vaishnavismus* beispielsweise ist allein der Gott *Krishna* männlich, und alle Anhänger – gleichgültig welchen Geschlechts – werden als weiblich betrachtet. Es ist eine Kultur, in der einer der größten Sanskrit-Dichter der Liebe – Amaru – den Ruf hatte, die einhunderterste Reinkarnation einer Seele zu sein, die in ihren ersten hundert Leben weibliche Körper bewohnt hatte. Eine Kultur, in der die Stimme des Tamil-Heiligen und Dichters Nammalavar, der 370 Gedichte über die Liebe schrieb, stets eine weibliche Stimme war.[9] Es ist eine Kultur, in der weibliche Eigenschaften sich mit männlichen zu einem höheren menschlichen Wesen vereinen. Es ist eine Kultur, in der der große Nationalheld Mahatma Gandhi verkünden kann – und dabei auf Aufgeschlossenheit bei seinen Zuhörern trifft –, dass er geistig zu einer Frau geworden ist und dass es guten Grund für einen Mann gibt zu wünschen, als Frau wiedergeboren zu werden.

Was hätte mein Analytiker tun können? Hätte er Wissen über meine Kultur erwerben müssen und falls ja, welche Art des Wissens? Hätte ein anthropologisches, historisches oder philosophisches Grundwissen über die Hindu-Kultur sein Verständnis für mich verändert? Oder wäre ein *psychoanalytisches* Verständnis meiner Kultur hilfreicher gewesen? Psychoanalytisches Wissen einer Kultur ist nicht äquivalent mit anthropologischem Wissen, auch wenn es zwischen beiden Überlappungen gibt. Psychoanalytisches Wissen ist in erster Linie das Wissen um die *Phantasien* einer Kultur; das Wissen, wie sich diese Phanta-

---

[8] Vgl. Ulrich Pauly, Kannon. Wandel einer Mittlergestalt, München 2003.
[9] Vgl. Sudhir Kakar/John Ross, Über die Liebe und die Abgründe des Gefühls, München 1986, 120.

sien in symbolischer Form – in Mythen, Volksmärchen, Volkskunst, Literatur und im Kino – verschlüsseln.

Neben der Fragestellung *was* für ein Wissen, müssen wir auch fragen *welche* Kultur? Hätte ein psychoanalytisches Wissen der Hindu-Kultur in meinem Fall gereicht? Ich bin zwar ein Hindu, aber durch Geburt auch ein *Punjabi Khatri*, was so viel heißt, dass meine übergreifende Hindu-Kultur durch eine starke regionale Kultur als Punjabi und weiter durch meine Khatri-Kaste vermittelt wurde. Diese Hindu-Punjabi-Khatri-Kultur wurde weiter modifiziert durch einen agnostischen Vater und eine traditionellere, gläubige Mutter, die beide zudem in unterschiedlichem Maße verwestlicht waren. Kann erwartet werden, dass ein Analytiker so viel kulturelles Vorwissen über seine Patienten erwirbt? Andererseits, ist es für einen Analytiker in Ordnung, *keinerlei* Wissen über den kulturellen Hintergrund seiner Patienten zu haben? Oder liegt die Wahrheit, wie so oft, irgendwo in der Mitte?

Hier nun kommt die Überraschung. Mein Analytiker war ein exzellenter Therapeut – feinfühlig, einsichtsvoll, geduldig. Und wie ich beim Fortschreiten meiner Analyse feststellte, wurden meine Gefühle der Entfremdung, die alle diese Fragen entstehen ließen, geringer und geringer. Was passierte? Stach der kulturelle Teil meines Selbst weniger hervor, als der Analytiker noch tiefere Schichten meines Selbst berührte, wie viele Psychoanalytiker behaupten mögen?

Ich glaube, dass diese Schlussfolgerungen der Rolle der Kultur in psychoanalytischer Therapie, die auf meine eigene lehranalytische Erfahrung zuzutreffen schienen, oberflächlich betrachtet zwar stimmen, aber zutiefst falsch sind. Denn was ich in meinem Fall tat – und ich denke, die meisten Patienten machen das – war, mich der Kultur meines Analytikers anzupassen, in meinem Fall sowohl an seine westliche, nordeuropäische Kultur als auch an seine Freudianische psychoanalytische Kultur. Letztere, das wissen wir, wird von einer Vision menschlicher Erfahrung geleitet, die die Individualität und die Komplexität und Tragödie im Leben, in dem viele Wünsche schicksalsbedingt unerfüllt bleiben, betont. So hat die Psychoanalyse, nach Kenneth Keniston, »einen fast grenzenlosen Respekt vor dem Individuum; sie ist überzeugt, dass Verstehen besser ist als Illusionen; sie beharrt darauf, dass unsere Psyche dunklere Geheimnisse birgt, als wir uns eingestehen mögen; sie weigert sich, zu viel zu versprechen; und sie bewahrt sich einen Sinn für die Komplexität, die Tragik und die Wunder des menschlichen Lebens«.[10] Ich bewegte mich also aus meinem eigenen Hindu-kulturellen Hintergrund weg, in dem das Leben nicht als tragische, sondern *romantische* Suche betrachtet wird; wo das Leben sich über viele Wiedergeburten erstreckt, mit dem Ziel und der Möglichkeit, eine andere, »höhere« Ebene der Realität zu erfahren, die *hinter* der geteilten, nachweisbaren, empirischen Wirklichkeit unserer Welt, unserer Körper und unserer Gefühle steht.

Nun wissen wir, dass jede Form der Therapie auch zu einer gewissen Einverleibung der entsprechenden Kultur führt. Wie Fancher bemerkt: »Durch die Fragen, die wir stellen, die Dinge, die wir hervorheben, die Themen, die wir für unsere Kommentare wählen, die Art und Weise, wie wir uns gegenüber dem Patienten verhalten, die Sprache, die wir benutzen – durch alle diese und eine Reihe anderer Wege kommunizieren wir dem Patienten unsere Vorstellung davon, was »normal« ist und der Norm entspricht. Unsere Deutungen der Ursprünge der Konflikte unserer Patienten enthüllen in reiner Form unsere Annahmen, was was verursacht, was im Leben problematisch ist, wo der/die Patientin nicht bekam was er/sie brauchte, was anders gewesen sein sollte.«[11]

Als ein Patient auf der Höhe der Übertragungsliebe war ich im Feinsten auf Andeutungen meines Analytikers bezüglich der Werte, des Glaubens und der Visionen eines erfüllenden Lebens eingestimmt. Andeutungen, um die selbst der zurückhaltendste Analytiker im therapeutischen Prozess nicht herumkommt: Ich konnte die Andeutungen, die mein Verhalten und meine Reaktionen unbewusst entsprechend mitgestalteten, schnell aufnehmen, mit dem dringenden Bedürfnis, dem Geliebten zu gefallen und gefällig zu sein. Mein intensives Bedürfnis, vom Analytiker verstanden zu werden – ein Bedürfnis, das ich mit jedem Patienten teilte –, gebar eine unbewusste Kraft, die mich jene kulturellen Anteile meines Selbst herunterspielen ließ, von denen ich glaubte, sie würden meinem Analytiker zu fremd sein. Was ich in der Übertragungsliebe begehrte, war die Nähe zum Analytiker, wobei ich seine kulturell geprägten Interessen, Einstellungen und Glaubensvorstellungen voll zu teilen wünschte. Dieses intensive Bedürfnis, verstanden zu werden – paradoxerweise, indem ich Teile meines Selbst aus dem analytischen Verständnisfeld heraushielt –, zeigte sich auch dadurch, dass ich sehr schnell begann, in Deutsch – der Sprache meines Analytikers – zu träumen; etwas, was ich niemals vor oder nach der Analyse tat.

[10] Zitiert bei Virginia Adams, Freud's Work Thrives as Theory, Not Therapy, in: The New York Times, 14. August, 1979.
[11] Raymond E. Fancher, Psychoanalysis as culture, in: Issues in Psychoanalytic Psychology, 15/2 (1993), 81–93, hier: 89–90.

Die Sprache, in der die Analyse durchgeführt wurde – nämlich Deutsch – förderte, dass ich bestimmte Anteile meines Selbst herunterspielte. Unsere Muttersprache – die Sprache unserer Kindheit – ist innigst mit emotional gefärbten sinnlich-motorischen Erlebnissen verbunden. Wenn aber die Sprache in der Therapie nicht die Muttersprache des Patienten ist, dann fehlt oft, was Bion die »Alpha Elemente«[12] nannte. Das heißt, analytische Therapie ist dann häufig in der Gefahr, bei dem Patienten ein »operationales Denken«[13] zu fördern. Mit anderen Worten, es herrschen verbale Ausdrucksformen vor, ohne die ihnen zugeordneten Verbindungen mit Gefühlen, Symbolen und Erinnerungen. Auch wenn grammatikalisch richtig und reich im Vokabular, ist die fremde Sprache emotional verarmt, zumindest was die *frühen* Erinnerungen betrifft. Um ein Beispiel zu geben: Als einer meiner zweisprachigen Patienten signifikante Erlebnisse in Englisch erzählte, sprach er häufig in einem unpersönlichen Ton, der charakteristisch für »operationales Denken« ist. Dieselben Erlebnisse in Hindi erzählt – der Muttersprache des Patienten – riefen ein sehr viel weitreichenderes Spektrum an Gefühlen hervor. Als der Patient in einer Sitzung in *Englisch* erzählte, dass er in der letzten Nacht zu seiner Frau gesagt hatte, »Lass uns Sex haben«, war sein Tonfall unpersönlich, sogar leicht depressiv. Als er gefragt wurde, in Hindi zu wiederholen, was er seine Frau genau gefragt hatte, war seine Antwort, »*teri le loon*« – deines will ich haben. Die konkretere Ausdrucksweise im Hindi, in der das Benutzen der Vagina der Frau gefordert wird, rief in ihm nicht nur stärkere Gefühle einer aggressiven Erregung hervor (und Scham, während er es erzählte), sondern war ebenso mit furchtsamen Erinnerungen aus der Kindheit assoziiert, als der gleiche Ausdruck von einem älteren Spielkameraden an ihn gerichtet wurde.

Wie sollte ein Therapeut dann das Thema kultureller Unterschiedlichkeit in der Praxis angehen? In der idealen Situation würde der kulturelle Unterschied nur minimal existieren. Das würde bedeuten, dass der Therapeut durch eine weitreichende Auseinandersetzung mit dem Alltagsleben, den Mythen, der Volkskunst und Literatur, der Sprache und Musik über ein psychoanalytisches Wissen der Kultur des Patienten verfügt. Denn ohne diese maximale Forderung ist der Therapeut der Gefahr ausgesetzt, den Verlockungen kultureller Stereotypisierung zu unterliegen: Wichtige Unterschiede werden unterdrückt, eine Gleichheit wird angenommen, wo nur Ähnlichkeiten existieren.

---

[12] Wilfred R. Bion, Elements of Psychoanalysis, London 1963.
[13] Eva Basch-Kahre, On difficulties arising in transference and countertransference when analyst and analysand have different socio-cultural backgrounds, in: Int. R. Psychoanal. 11 (1984), 61–67.

Was der Therapeut allerdings – meiner Meinung nach – braucht, ist *nicht* eine genaue Kenntnis der Kultur seines Patienten, sondern ein ernsthaftes Hinterfragen der Vorstellungen, die seiner *eigenen* Kultur zugrunde liegen – das heißt, der Kultur, in die er geboren wurde, und der Kultur, in die er als Psychotherapeut beruflich sozialisiert ist. Mit anderen Worten, ich schlage vor – aufgrund der fehlenden *Möglichkeit*, ein psychoanalytisches Wissen der Kultur des Patienten zu erlangen –, dass der Therapeut danach streben sollte, die Gefühle der Entfremdung durch kulturelle Differenz beim Patienten so weit zu reduzieren, dass der Patient nicht oder nur geringfügig kulturelle Teile seines Selbst aus der therapeutischen Situation ausschließt. Das ist *nur* möglich, wenn der Therapeut eine *kulturelle Offenheit* vermitteln kann. Das heißt, dass er sich über die Vorstellungen seiner Kultur bezüglich der menschlichen Natur, menschlicher Erfahrungen und der Erfüllung menschlichen Lebens bewusst ist und die Relativität seiner Vorstellungen anerkennt in dem Wissen, dass es sich dabei um kulturelle Produkte handelt, die in eine bestimmte Zeitepoche eingebettet sind. Er muss sich sensibilisieren für die versteckte Existenz dessen, was Heinz Kohut »Gesundheit- und Reife-Moral«[14] nennt, und sich darüber bewusst werden, dass seine Konzepte der Psychopathologie nicht unbedingt universale Gültigkeit haben. Er muss kulturelle Urteile über psychologische Reife, geschlechtsangemessenes Verhalten, »positive« oder »negative« Entschlüsse entwicklungsbedingter Konflikte und Komplexitäten – die oft im Gewand universal gültiger Wahrheiten erscheinen – ausmerzen.

Weil ungelöster kultureller Chauvinismus und Ethnozentrismus – die Tendenz, fremde Kulturen in Hinsicht auf unsere eigene Kultur zu betrachten – das Erbe *aller* Menschen ist, ist die Aneignung kultureller Offenheit keine einfache Sache. Kulturelle Vorurteile können an den am wenigsten erwarteten Orten auflauern. Zum Beispiel haben Psychoanalytiker der künstlerischen Kreativität einen hohen Platz eingeräumt. Nicht in allen Kulturen und zu allen Zeiten hatte künstlerisch-kreative Aktivität – beispielsweise zu malen, zu bildhauern, sich im literarischen oder musikalischen Feld zu engagieren – den hohen Wert, den es in modernen westlichen Gesellschaften heute hat. In anderen geschichtlichen Epochen haben viele Zivilisationen – einschließlich meiner eigenen, bis auf den heutigen Tag – *religiöser* Kreativität den höchsten Platz zugewiesen. Psychoanalytiker müssen sich vergegenwärtigen, dass in einem solchen kulturellen Umfeld,

---

[14] Heinz Kohut, The two analyses of Mr. Z., in: Int. J. Psychoanal. 60 (1979), 3–27, hier: 12.

bei erfolgreicher Therapie, folgende Schlussfolgerung gezogen werden könnte: »Die Visionen des Patienten haben merklich in Quantität und Qualität zugenommen und seine hingebungsvolle Stimmung hat sich für immer längere Zeiträume gehalten.«

Abschließend möchte ich noch einmal nahelegen, dass eine optimale Psychotherapie mit Patienten verschiedener Kulturen von Therapeuten *nicht* verlangt, umfangreiches Wissen über die Kultur des Patienten zu haben. Was der Therapeut braucht, ist eine reflektierende, bewusste Offenheit gegenüber seiner eigenen Kultur. Ein Therapeut kann seine Fortschritte bezüglich dieser Offenheit folgendermaßen messen: An wachsenden Gefühlen der Neugierde und des Erstaunens in der Gegenübertragung, wenn die kulturellen Teile des Patienten ihre Stimme in der Therapie finden; wenn die Versuchung, diese kulturellen Teile zu pathologisieren, abnimmt; wenn die eigenen Werte nicht länger normativ erscheinen und wenn sein Wunsch, den Patienten in diesen Werten anzuleiten, merklich nachlässt.

(Sudhir Kakar ist Psychoanalytiker und freier Schriftsteller und lebt in Goa in Indien)

ABSTRACT

The ›terroir‹ of psychoanalysis for more than a century has been and continues to be Western. Shared by therapist and patient alike, pervading the therapeutic space in which the two are functioning, fundamental ideas about human relationships, family, marriage, male and female and so on which are essentially Western-cultural in origin often remain unexamined and are regarded as universally valid. Looking back on my own personal analysis in Germany and thirty-five years of psychoanalytic practice with Indian, European and American patients, this essay explores the largely unexamined ways how culture, which is woven into the psyche from the beginning of life, has permeated the theory and practice of psychoanalysis.

Interkulturelle Theologie und Seelsorge – Modelle und Methoden

Christoph Schneider-Harpprecht

1. Einleitung

Durch die Entwicklung einer globalen Wirtschaft, durch politisch und wirtschaftlich bedingte Zuwanderung aus Afrika, Asien und Lateinamerika und die Öffnung Europas nach Osten hat sich in den letzten Jahren eine globale multikulturelle Situation herausgebildet, und wir können es uns daher nicht leisten, kulturell naiv zu bleiben. Was nottut, ist interkulturelle Kompetenz. Ich definiere sie als die Fähigkeit eines Menschen, sich in kulturellen Überschneidungssituationen kultursensibel so zu verhalten, dass die Partner aus einer anderen Kultur ihre Interessen und Sichtweisen ausreichend zur Geltung bringen können und die kulturellen Aspekte des eigenen Verhaltens dem anderen verständlich erschlossen werden.

Ich selbst habe meinen Zugang zu dem Thema als Seelsorger im Kontext der Armut in Brasilien gefunden. In diesem Beitrag werde ich Modelle interkultureller Seelsorge vorstellen, auf die interkulturelle und interreligiöse Hermeneutik und die Theologie der Religionen eingehen. Am Schluss werden Methoden der interkulturellen Seelsorge an einem Fallbeispiel aus Brasilien erläutert.

2. Das Kulturverständnis der interkulturellen Seelsorge

Mit welchem Kulturverständnis arbeitet die interkulturelle Seelsorge? Es ist sinnvoll, hier von der Ethnologie und Kulturanthropologie zu lernen. Sie haben eine Vielzahl von Kulturbegriffen entwickelt, in denen sich die Ausprägungen verschiedener ethnologischer Schulen widerspiegeln: Am angemessensten und für die Seelsorge hilfreichsten ist das Kulturverständnis der interpretierenden Anthropologie. Kultur ist, so der amerikanische Kulturanthropologe Clifford Geertz, das Netz von Bedeutungen der Welt, das die Menschen selbst entworfen haben, um ihr Verhalten zu steuern, und das sie jeden Tag, in jedem Akt der Interaktion neu erfinden. Durch »Traditionen, Pläne, Instruktionen« entwickeln Menschen Bedeutungssysteme zur Steuerung ihrer Lebensäußerungen.[1] Wenn verschiedene Kulturen, das heißt unterschiedliche Systeme, die Welt zu deuten, aufeinandertreffen, sind Missverständnisse und Konflikte vorprogrammiert. Für Seelsorge und Beratung ergibt sich daraus die Anforderung, den Fremden und ihrer Weltsicht kulturell sensibel zu begegnen, das heißt Fremdheit und Differenz wahrzunehmen und auszuhalten, sich trotzdem verstehend an die kulturellen Muster des oder der anderen anzunähern, sich zu bemühen, im Rahmen des Bedeutungssystems, das für den oder die andere plausibel ist, zu intervenieren.

Der globale Prozess des Kulturwandels hin zur kulturellen Pluralität muss die Unterscheidung von dominanten, hegemonialen und subalternen oder Minderheitenkulturen berücksichtigen und lässt sich beschreiben als Hybridisierung von Kulturen. Die zahlreichen Migranten in Deutschland bringen die Elemente der Kultur ihrer Herkunftsgebiete mit und leben sie im Kontext der dominanten Kultur, die vom Wirtschaftssystem und vom politischen System und Rechtssystem einer Gesellschaft geprägt werden. Es kommt zu Vermischungen und Abstoßungen der subalternen und der dominanten Kultur. (Die Nachricht, eine selbsternannte »Scharia-Polizei« der Salafisten liefe in Wuppertal Patrouille[2], ist ein Beispiel für eine wechselseitige Abstoßung.) In den symbolischen Produktionen finden sich zahlreiche Elemente kultureller Vermischungen, die als Hybridisierung, d. h. als Montage der verschiedensten Gattungen kultureller Produktion beschrieben werden können. Beispiele dafür sind der Ethno-Pop, die Videoclips, die als Montage von Film, Text, Musik, Fotos unterschiedlichster Provenienz kombiniert werden und per Internet in die Häuser gelangen. Gerade kulturelle Minderheiten können durch die neuen technischen Möglichkeiten die dominanten kulturellen Muster für sich nutzen, um auf sich aufmerksam zu machen und Einfluss auszuüben. Mit diesen sich wandelnden Kulturen hat es interkulturelle Seelsorge zu tun und nimmt damit Teil an einem Prozess der Vermischung von Kulturen, der auch die Religionen selber betrifft und nicht unbeeinflusst lässt.

---

[1] Clifford Geertz, The Interpretation of Cultures, New York 1973, 44.
[2] www.spiegel.de/schlagzeilen/Freitag 05 September 2014 Salafisten in NRW: Selbst ernannte »Scharia-Polizei« patrouilliert in Wuppertal.

Die kulturellen Aspekte lassen sich für die Seelsorge von den sozialen und politischen Aspekten nicht trennen, die das Leben von Migranten in dem neuen Land beeinflussen. Notwendig ist hier ein ganzheitlicher Ansatz von Seelsorge, der offen ist für diakonische und sozialarbeiterische Angebote. Ein nur individualpsychologischer oder spiritueller Ansatz von Seelsorge ist unzureichend. Es bedarf der umfassenden, multisystemischen Wahrnehmung der Situation des anderen Menschen, welche die psychische, soziale und religiös-spirituelle Dimension seiner Lebenswirklichkeit erfasst und diese Dimensionen in das seelsorgliche Handeln einbezieht.

3 Konzepte und Ziele Interkultureller Seelsorge

3.1 Konzepte Interkultureller Seelsorge

Was ist das Selbstverständnis der interkulturellen Seelsorge? Es leuchtet ein, dass dies nur im Rahmen eines interkulturellen Dialogs geklärt werden kann. In den USA haben ethnische und kulturelle Minderheiten, ausgehend von der Bürgerrechtsbewegung der »African Americans« und ermutigt von der Frauenbewegung, auf ihre Benachteiligung aufmerksam gemacht und die Gesellschaft für die kulturelle Diversität und die Rechte von Minderheiten sensibilisiert. In Psychologie, Psychotherapie und Beratung, Sozialwissenschaften und Pädagogik wurde die Fragestellung aufgegriffen und eine Fülle von Studien und Lernprogrammen zur interkulturellen Kommunikation entwickelt.

3.1.1 Counseling Across Cultures

Besonders einflussreich für die Seelsorge war dabei der Ansatz des »Cross Cultural Counseling«[3], der in David Augsburgers Buch *Pastoral Counseling Across Cultures* erstmals aufgegriffen und in ein umfassendes theologisches Konzept von interkultureller Seelsorge und Beratung integriert wurde. Augsburger hat

---

[3] Wichtige Aspekte des »cross cultural counseling« sind zusammengefasst bei Paul B. Pedersen u. a., Counseling Across Cultures, Thousand Oaks u. a. 1996[4]; Ders. (Hg.), Handbook of Cross Cultural Counseling and Therapy, Westport 1985.

den Begriff der Sensibilität der »intercultural counselors« geprägt[4] und ein umfassendes Beratungsmodell vorgelegt, das die Ausbildung von »culturally capable counselors« ermöglichen soll. Es geht ihm um die kulturelle Kompetenz in Seelsorge und Beratung.[5] Sie besteht darin, dass Seelsorgerinnen und Seelsorger sich über ihre eigenen Wertvorstellungen und Grundannahmen im Klaren sind, dass sie die Weltanschauung anderer Menschen wertschätzen können, ohne nach deren Legitimität zu fragen. Sie sind sensibel für die Effekte des Rassismus, wirtschaftlicher Ausbeutung, politischer Unterdrückung, geschichtlicher Tragödien und religiöser Vorurteile. Sie sind in der Lage, über das Modell ihrer Seelsorgetheorie hinauszugehen und in einer Weise eklektisch mit Methoden und Techniken zu arbeiten, die dem kulturellen Kontext entspricht. Sie verstehen sich selbst als Weltbürger, die auf alle menschlichen Wesen bezogen, aber als Individuen auch von allen verschieden sind. Sie entwickeln die Fähigkeit zur Interpathie, das heißt zur zeitweisen Einfühlung in die Situation eines anderen Menschen auf der Grundlage seiner Kultur, Weltanschauung und Erkenntnistheorie.[6] – Das Problem von Augsburgers Ansatz besteht darin, dass er ein überforderndes Idealbild kulturell kompetenter Seelsorgerinnen und Seelsorger theologisch zur Norm erhebt. Sie sollen in ihrem Sein und Tun die Gnade und Liebe des in Jesus Christus Mensch gewordenen Gottes repräsentieren, der sich im kirchlichen Amt präsent macht.[7] Wer aber kann das leisten? Auch sein Kulturverständnis, das die Kulturen als weithin in sich abgeschlossene Größen versteht, stößt an Grenzen.

3.1.2 Interkulturalität als Differenzwahrnehmung

Als einer der Ersten in Deutschland hat Albrecht Grözinger die Aufgabe der Interkulturellen Seelsorge mit der Forderung nach einer Politik der Anerkennung der verschiedenen kulturellen Lebenswelten verbunden. Das verlange eine »Differenz-Blindheit«, wenn es um die rechtliche Gleichbehandlung der Fremden gehe, zugleich aber eine »Differenz-Aufmerksamkeit«, die Wahrnehmung der kulturell Anderen »mit demselben Ernst …, mit dem wir selbst wahrgenommen

---

[4] David W. Augsburger, Pastoral Counseling Across Cultures, Philadelphia 1986, 77.
[5] Vgl. dazu ebd. 14ff.
[6] Ebd. 30f.
[7] Ebd. 38.

werden wollen«[8]. Für Grözinger ist die Differenzwahrnehmung ein ästhetisches Phänomen. Er fordert:»Christliche Seelsorge soll die Menschen befähigen, befreiende und produktive Differenzerfahrungen zu machen.«[9] Seelsorgegespräche sind ein »Eingriff«, in dem die Alltagssprache auf der Grundlage der biblischen Gotteserzählung kreativ verwandelt wird. Seelsorge zielt auf die Rekonstruktion von Lebensgeschichten im Zusammenhang der biblischen Gotteserzählung, welche die Erfahrung der Differenz, die es dem Menschen möglich macht, sich zu sich selbst und zu anderen zu verhalten, als Gegebenheit des Menschseins als Ebenbild des dreieinigen Gottes versteht, der in sich differenziert ist und in der Beziehung lebt. In der Seelsorge machen Menschen Differenzerfahrungen und setzen sich dem Wagnis der »Bewillkommnung« des Fremden aus. Ein Nachteil von Grözingers Konzept besteht in einem Mangel an methodischer Klarheit in der Seelsorgepraxis bei der gleichzeitig hohen Anforderung biographischer Rekonstruktion.

3.1.3 Die Gesellschaft für Interkulturelle Seelsorge und Beratung (SIPCC) und das Handbuch für Interkulturelle und Interreligiöse Seelsorge

Die internationalen Seminare der *Gesellschaft für Interkulturelle Seelsorge und Beratung* (SIPCC),[10] in denen Seelsorgerinnen und Seelsorger aus verschiedenen Kulturen ihr Seelsorgeverständnis formulieren, ins Gespräch bringen und in der Diskussion von Praxisbeispielen überprüfen, sind seit zwei Jahrzehnten ein Forum für diesen Dialog. Ein Produkt dieser Arbeit ist das »Handbuch Interkulturelle Seelsorge«.[11] Helmut Weiß beschreibt darin die eindrucksvolle Geschichte der Entwicklung interkulturellen Denkens bei den internationalen Seminaren für Seelsorge und einer interkulturellen Seelsorge. Weiß zeigt auf, wie für Seelsorgerinnen und Seelsorger in der Auseinandersetzung mit Themen wie Sprache, Ökonomie, Gewalt, Ehe, Familie und Geschlechterbeziehungen, den Wertewandel und den politischen Umbrüchen im Verhältnis von Ost und West, Nord und

---

[8] Albrecht Grözinger, Differenz-Erfahrung. Seelsorge in der multikulturellen Gesellschaft, Waltrop 1995, 24.
[9] Ebd. 27.
[10] Vgl. die Zeitschrift Interkulturelle Seelsorge und Beratung, Nr. 1–8, Düsseldorf 1996–2001; bes. Karl Federschmidt, Erfahrungen mit Interkultureller Seelsorge und Beratung. Überlegungen vor dem Hintergrund der Interkulturellen Seminare 1995 und 1996, in: Zeitschrift für Interkulturelle Seelsorge, Nr. 2, 1997, 9–13.
[11] Karl Federschmidt u. a. (Hg.), Handbuch Interkulturelle Seelsorge, Neukirchen-Vluyn 2002.

Süd die Vielfalt der Beziehungen erfahrbar wurde, die in der interkulturellen Seelsorge eine Rolle spielen. In einer jahrelangen Annäherung wurde eine Sichtweise von Interkulturalität und interkultureller Seelsorge erarbeitet.

> »Interkulturalität bezeichnet Begegnung und Austausch zwischen Kulturen – bei Bewahrung der eigenen kulturellen Identität, nimmt die kulturelle Vielfalt der Menschen, Völker und Gruppen wahr und würdigt sie …, erkennt, dass Menschen in vieler Hinsicht gleich sind – und arbeitet deshalb daran, rassistische, sexistische und andere menschenverachtende Einstellungen zu überwinden, begreift menschliche Verhaltensweisen, Einstellungen, Überzeugungen und religiöse Glaubensaussagen von den jeweiligen geschichtlichen und räumlichen Lebenszusammenhängen (Kontextualität), fordert heraus, Fremdheit anzuerkennen und einen Dialog mit Fremden zu führen.« »Interkulturelle Seelsorge und Beratung verbindet Interkulturalität mit religiösen Wahrheiten, christlichem Glauben und psychosozialen Erkenntnissen …, entwickelt Einstellungen und Methoden, Menschen aus verschiedenen Kulturen auf kompetente und professionelle Weise Lebensbegleitung anzubieten.«[12]

Diese umfassende interkulturelle Perspektive verbindet sich mit der theologischen Einsicht, »dass Gott nur in und durch Kultur erkannt werden kann« und »dass Gott kulturstiftend auf ein Reich hin wirkt, in dem die Fülle des Lebens Raum und Zeit bekommt«.[13]

Das von Helmut Weiß, Karl Federschmidt und Klaus Temme im Jahr 2010 herausgegebene *Handbuch Interreligiöse Seelsorge*[14] erweitert den Horizont der Interkulturalität hin zur Interreligiosität. Es trägt der Tatsache Rechnung, dass »die Frage Interreligiosität in Kirche und Gesellschaft zunehmend in den Vordergrund getreten«[15] ist. Menschen mit Migrationshintergrund leben ihre Religiosität bewusster. Europa wird zunehmend multireligiöser, »religiöse und spirituelle Strömungen werden immer globaler«.[16] Menschen bilden oft »in sich selbst eine multikulturelle und multireligiöse Identität« aus.[17] Darum gewinnt auch der interreligiöse Dialog in der Seelsorge zunehmend an Bedeutung. Das Handbuch entwickelt eine Konzeption interreligiöser Seelsorge, die den im englischsprachigen Raum vertretenen Ansatz der »interspirituellen Seelsorge« (interfaith

---

[12] Ebd. 36.
[13] Ebd. 37.
[14] Helmut Weiß/Karl Federschmidt u. a., Handbuch Interreligiöse Seelsorge, Neukirchen-Vluyn 2010, 428 S.
[15] Ebd. 10.
[16] Ebd.
[17] Ebd.

spiritual care) bewusst erweitert. Während die englischsprachige Literatur interreligiöse Seelsorge von einer allgemeinen Spiritualität her erfasst,»also von einer (typisch westlichen?) individualisierten Religiosität des Einzelnen«[18] ausgeht, will das Handbuch Interreligiöse Seelsorge die»Religionen als die sozialen »Heimatländer« der Spiritualität der Individuen ... bewusst in den Reflexionshorizont« einbeziehen[19]. Interreligiöse Seelsorge ist»Seelsorge in religiöser Vielfalt«, die»zwischen Menschen unterschiedlicher Religionen« geschieht.[20] Auch wenn sie davon ausgeht, dass Religion und Spiritualität stark individuell geprägt sind und kulturell sehr vielfältig erscheinen, bezieht sie das Handbuch»bewusst vereinfachend« auf die Weltreligionen als gemeinsame Bezugsgrößen, die auch Kulturen übergreifen und sich in ihnen unterschiedlich ausprägen können.

Der Religionsbegriff, der vorausgesetzt wird, bleibt deskriptiv:»Die inhaltlichen Bestimmungen einer Religion sind«, so Christian Danz,»Beschreibungsformen, mit denen sich der Mensch über seine Endlichkeit und die bleibende Entzogenheit der Sinnbedingungen seines Handelns aufklärt und dadurch ein Bewusstsein seiner Endlichkeit erlangen kann« (28). In einer Differenzhermeneutik will er die unterschiedlichen religiösen Formen»der Bearbeitung und Thematisierung von lebensweltlichen Kontingenzen« wahrnehmen, durch die sich die Religionen unterscheiden und ihre Identität bestimmen. Aus jüdischer Sicht gründet, so Jonathan Magonet, Direktor des Leo Baeck College für jüdische Studien in London,»das Engagement für den Dialog zwischen den Religionen« in einer»umfassenden Suche nach Frieden«, der auf der Anerkennung grundlegender Gemeinsamkeiten zwischen Judentum, Christentum und Islam aufbaut. Aus islamischer Sicht wird von Serdar Günes der interreligiöse Dialog als Beitrag zur Aufklärung verstanden. In ihm anerkennen die Religionen, dass sie in einem säkularisierten Gemeinwesen keine endgültigen Wahrheiten formulieren, sondern durch Anerkennung der menschlichen, der Veränderbarkeit unterliegenden Gesetze ihren Beitrag zur»Legitimität der Neuzeit« (Hans Blumenberg) leisten.[21]

Die interreligiöse Perspektive wird in den Beiträgen zur Entwicklung eines Konzepts interreligiöser Seelsorge durchgehalten. Helmut Weiß reflektiert die Grundlagen der interreligiösen Seelsorge und schlägt dabei eine Brücke von der

---

[18] Ebd. 11.
[19] Ebd. 12.
[20] Ebd.
[21] Ebd. 49.

Praxis des interreligiösen Dialogs zu Morgenthalers systemischer Seelsorge. Im »Dialog des Lebens« schließen sich Menschen an ein ihnen fremdes System an. Es geschieht interreligiöses Lernen, wenn Personen sich der »Glaubenswelt« des anderen annähern. Als ethische Maximen nennt Weiß: »Handle so, dass du im Kontakt mit Menschen anderer Religionen der Geschichte *dieser* Religion etwas Hoffnungsvolles hinzufügen kannst! Handle so, dass keine neuen Opfer entstehen! Handle so, dass du anderen gerecht wirst wie dir selber! Handle so, dass *sein* Gott oder *seine* letzte Wirklichkeit als hilfreich erfahren werden kann.«[22] Interreligiöse Seelsorge macht den Beitrag der Religion zur »Lebensgewissheit« (Dietrich Rössler) zum Thema (92). Wenn Seelsorge nach Michael Klessmann »eine spezifische Form religiöser Kommunikation« darstellt, dann gilt dies nicht nur für Seelsorge als Begleitung und Lebensdeutung im Horizont des christlichen Glaubens, sondern »auch für alle Religionen mit ihren Wertesystemen und Geltungsansprüchen«.[23] Auf dieser Grundlage entwickelt Helmut Weiß ein Verständnis von interreligiöser Kompetenz in der Seelsorge. Sie umfasst die kommunikative Kompetenz zur Wahrnehmung komplexer Beziehungen und zur Gestaltung von seelsorglichen Beziehungen, in denen die Erfahrung von Differenz und Fremdheit ausgehalten und konstruktiv bearbeitet werden kann. Sie umfasst die Fähigkeit, eine »dialogische Spiritualität« zu entwickeln.

3.1.4 Interkulturelle Seelsorge im Umfeld kultureller Minderheiten

Studien zur Seelsorge und Beratung im Umfeld kultureller Minderheiten, aber auch der Frauenkultur in den USA wurden vorgelegt.[24] Ein Beispiel dafür gibt Emanuel Lartey in seinem Buch »In Living Colour. An Intercultural Approach to Pastoral Care and Counseling«.[25] Larteys Seelsorgeverständnis verbindet Befreiungstheologie, eine universalistische Sicht von Spiritualität mit psychologischen wie auch sozial- und kulturwissenschaftlichen Theorieelementen. Seel-

---

[22] Ebd. 85.
[23] Ebd. 92.
[24] Vgl. Archie Smith, The Relational Self. Ethics and Therapy from a Black Church Perspective, Nashville 1982; Edward P. Wimberley, African American Pastoral Care, Nashville 1991; Jeanne St. Moessner, Through the Eyes of Women. Insights for Pastoral Care, Minneapolis 1996; Christie C. Neuger (Hg.), The Arts of Ministry. Feminist-Womanist Approaches, Louisville 1996.
[25] Emanuel Lartey, In Living Colour. An Intercultural Approach to Pastoral Care and Counseling, 2nd Ed., London/Philadelphia 2003.

sorge ist im Kern der Ausdruck menschlicher Spiritualität in der Beziehung zum Selbst, zu den anderen, zu Gott und zu seiner Schöpfung. Menschliche Spiritualität kommt in vielen verschiedenen religiösen Traditionen und Formen zum Ausdruck. Sie begründet eine Beziehung der Sorge füreinander und ist darum Basis einer Seelsorge, welche die kulturelle Differenz respektiert. Hier kommt die Befreiungstheologie zum Tragen. Lartey übernimmt die Option für die Armen als Basis für die Orientierung der Seelsorge und arbeitet mit befreiungstheologischen Methoden aus verschiedenen Kulturen. Methodische Elemente sind die soziale und hermeneutische Analyse und die Praxisorientierung. Die soziale Analyse nimmt die Machtstrukturen in den Blick, die zur Ausgrenzung und Unterdrückung der Armen führen. Wichtig ist hier die Aufnahme der Kritik an der sozio-ökonomischen Verengung der marxistischen Gesellschaftsanalyse aus der Perspektive indigener Völker. Neben die sozio-ökonomische müssen die religiös-kulturelle und die politische Perspektive treten.[26] Die hermeneutische Analyse greift vor allem die Kritik der Befreiungstheologie in den multi-religiösen Gesellschaften Asiens an der Unterdrückung der indigenen religiösen Traditionen und Texte durch die Hermeneutik des Christentums auf. Lartey verweist auf asiatische Theologen, die Texte aus dem Hinduismus und Buddhismus aufgreifen, um den Hindus Aspekte der Soziallehre Jesu zu erläutern und die Christen an vergessene Aspekte der christlichen Lehre zu erinnern.[27] Er entwickelt einen »pädagogischen Zirkel für befreiende pastorale Praxis. In ihm vollzieht sich eine Bewegung zwischen den Elementen Erfahrung – Situationsanalyse – theologische Analyse – situationsbezogene Analyse der Theologie/Tradition – Antwort«.[28] Diesen pädagogischen Zirkel verbindet Lartey mit einem Zirkel der Sozialtherapie, der die Elemente Selbstwahrnehmung – Identifikation der Akteure und Themen – Kontaktaufnahme (*Befriending*) – Zusammenarbeit in Gruppen – gemeinsame Aktion (symbolisch, sozial und politisch) umfasst.[29] In diesem sozialtherapeutischen Zirkel kommen die befreiungstheologischen Einsichten, die im pädagogischen Zirkel gewonnen wurden, zum Tragen.

Mit diesem befreiungstheologischen Ansatz geht Lartey bewusst über Augsburgers Konzept des Cross-Cultural-Counseling hinaus, an dem er vor allem die Fixierung auf eine Vorstellung, Kulturen seien feste, in sich abgeschlossene Grö-

---

[26] Ebd. 119.
[27] Ebd. 121.
[28] Ebd. 122.
[29] Ebd. 134.

ßen, auf die man sich in der Begegnung einstellen solle, kritisiert. Ebenso geht er über eine multikulturelle Sicht von Seelsorge und Beratung hinaus, die davon ausgeht, dass das Wissen über die Merkmale einzelner Kulturen und des kulturbedingten Verhaltens die Schwierigkeiten interkultureller Zusammenarbeit in Seelsorge und Psychotherapie löst. Lartey will den Perspektivwechsel mit den unterdrückten Kulturen und bringt einen umfassenden Ansatz, der soziale, politische, kulturelle, ökonomische und psychologische Aspekte berücksichtigt.

In der Mehrheit sind sich die Forscherinnen und Forscher darin einig, dass Interkulturelle Seelsorge den Übergang von einem existenzialontologisch-anthropologischen Seelsorgemodell, das die Autonomie der Persönlichkeit und des individuellen Selbst in den Mittelpunkt stellt, zu einem systemischen Seelsorgemodell erforderlich macht,[30] das von der wechselseitigen Bezogenheit verschiedener sozialer Systeme und Subsysteme ausgeht. Die Art und Weise, wie diese Systeme strukturiert und organisiert werden, ist ebenso abhängig von kulturellen Vorgaben wie das Verstehen der Beziehungen, die sich in ihnen ereignen, und die Bedeutung, die Menschen ihrem Verhalten in ihnen zuweisen.

3.1.5 Ansätze islamischer Seelsorge

In den letzten Jahren haben sich Ansätze einer jüdischen und islamischen Seelsorge entwickelt. Konzepte jüdischer Seelsorge finden sich vor allem im englischsprachigen Raum in Anlehnung an Modelle der pastoralpsychologischen Seelsorge. Die islamische Seelsorge in Deutschland ist noch ein zartes Pflänzchen. Auf sie will ich etwas näher eingehen. Seit einigen Jahren gibt es Initiativen vor allem in den Feldern der Krankenhaus- und der Notfallseelsorge. Unglücksfälle wie der Brand eines Wohnhauses in Ludwigshafen im Jahr 2009 mit neun Todesopfern machten den Bedarf an islamischen Notfallbegleitern deutlich. An den universitären Zentren für islamische Theologie, z. B. an der Universität Osnabrück, wird Seelsorge im Rahmen einer sich entwickelnden islamischen Praktischen Theologie gelehrt. Inzwischen gibt es erste Ausbildungen von ehrenamtlichen islamischen Seelsorgerinnen und Seelsorgern in Mannheim, Köln, in der Telefon-Seelsorge Berlin und in dem Pilotprojekt »Seelischer Beistand für mus-

---

[30] Vgl. Larry K. Graham, Care of Persons, Care of Worlds. A Psychosystems Approach to Pastoral Care and Counseling, Nashville 1992, 32–41.

limische Patienten« in Hannover.[31] In Gesprächen zwischen Imamen und Pfarrerinnen und Pfarrern wurde deutlich, dass seelsorgliche Begleitung zu den täglichen Aufgaben gehört, nämlich »im jeweiligen Selbstverständnis – auf religiöser Basis Halt zu geben, Trost zu spenden und Lebenskrisen konstruktiv zu begleiten«[32]. Gegen die immer wieder zu hörende Auffassung, der Islam kenne keine Seelsorge, wird deutlich gemacht, dass religiöse Lebensbegleitung in der Familie geschieht, die Pflege und der Besuch von Kranken und die Sterbebegleitung und Totenwaschung zu den religiösen Pflichten von Muslimen gehören. In der Migrationssituation entwickelt sich die muslimische Seelsorge in neuen institutionalisierten Formen. Sie tut dies in Anlehnung und mit Unterstützung vonseiten der institutionalisierten christlichen Seelsorge. Es gibt einige Modelle der Seelsorgeausbildung für ehrenamtliche muslimische Seelsorgende, darunter auch Frauen, die sich anlehnen an die klinische Seelsorgeausbildung und systemische Seelsorge.

Die Begründungen für islamische Seelsorge machen sich an der »Gegenwart Gottes in den Alltagshandlungen des Menschen«[33] fest. Ziel seelsorglichen Handelns nach dem Koran ist, »dass das Herz aus seiner Unruheposition, Erregung und Misstrauen in eine Stufe des Vertrauens und der Gelassenheit übergeht, und dadurch zur Ruhe kommt. Zu diesem Ziel verhilft das »Wort Gottes«.[34]

Mustafa Cimsit versucht eine islamische Seelsorgedefinition:

> »Seelsorge ist als eine aus dem rechten Glauben an Gott folgende Bemühung zu verstehen, die eine rechtgläubige ganzheitliche Beziehung zu Gott zu eröffnen und aufrecht zu erhalten vermag.«[35]

Der Soziologe Ali Seyyar greift vor dem Hintergrund der Überlieferungen Mohammeds und dem Verständnis der Entwicklung der Seele im Sufismus die islamische Lehre von der Seele als »immaterieller Eigenschaft« auf, »deren Sorge und Umsorgung dem Bemühen, die Beziehung zu Gott zu festigen«, gilt. Der Seele oder auch dem »spirituellen Herzen« stellt Seyyar das (tyrannische) Ego gegenüber, dessen negative Einflüsse abzuwehren sind. Islamische Seelsorge ist

---

[31] Abdul Nasser als Masri, Seelsorge im Islam, in: Bülent Ucar/Martina Blasberg-Kuhnke (Hg.), Islamische Seelsorge zwischen Herkunft und Zukunft. Von der theologischen Grundlegung zur Praxis in Deutschland, Frankfurt am Main 2013, 32.
[32] Georg Wenz/Talat Kamran (Hg.), Seelsorge und Islam in Deutschland. Herausforderungen, Entwicklungen und Chancen, Speyer 2012, 7.
[33] Mustafa Cimsit, Islamische Seelsorge – Eine theologische Begriffsbestimmung, in: Ucar/Blasberg-Kuhnke (Hg.), Islamische Seelsorge zwischen Herkunft und Zukunft, 16.
[34] Ebd. 17.
[35] Ebd. 21.

demnach »der spirituellen Reinigung und Läuterung verpflichtet.«[36] Sie ist »Bestandteil islamischen Alltags. Ziel ist die gottgemäße Lebensführung, die den göttlichen Funken im Menschen zum Ausdruck bringt«.[37] Die Seelsorge übernimmt also die Verantwortung für die »spirituelle Führung«[38]. Seyyar unterscheidet seelische, soziale und heilige Ziele. Seelische Ziele sind »das Verstehen der Seele des Menschen«, das Vermeiden und die Rehabilitation von »seelischen Erschütterungen«. Soziales Ziel ist die »Unterstützung durch sozialen und seelischen Einklang für diesseitiges und jenseitiges Glück«. Das heilige Ziel ist »das Aufbauen der Liebe zum Menschen und zur Gesellschaft um die Erkenntnis Allahs und der Liebe Allahs herum«.[39]

Der Ansatz einer islamischen Seelsorge ist noch recht rudimentär. Die ganzheitliche seelsorgliche Begleitung umfasst die psychische, soziale und spirituelle Dimension. Sie arbeitet auf der Basis der Offenbarung Gottes im Koran und der Sunna, aber auch von wissenschaftlichen Erkenntnissen der Psychologie, Psychotherapie und Pädagogik.

Die islamische Seelsorge entwickelt sich als hybrides kulturelles Gebilde in der Gemeinschaft von Muslimen in der Migrationssituation. Sie ist Seelsorge von Muslimen an Muslimen und wird ausdrücklich unterschieden von der interkulturellen Seelsorge, die voraussetzt, dass die Seelsorgerin oder der Seelsorger einer anderen Kultur angehört als ihr Gesprächspartner. Es gibt vereinzelt Ansätze für eine Institutionalisierung als soziale Dienstleistung im Rahmen eines Sozialdienstes im Krankenhaus oder im Bereich anderer sozialer Dienstleistungen. In den Niederlanden und in den USA ist dies umfassender entwickelt worden. Dort arbeiten z. B. multireligiöse Teams in den Krankenhäusern. Als verbindende Klammer wird die schon benannte Aufgabe angesehen, religiös begründet Halt zu geben, zu trösten und in Krisen zu begleiten. Es zeichnet sich ab, dass der Ansatz von Spiritual Care, der eine allgemeine menschliche Spiritualität als gemeinsame Voraussetzung für Seelsorge annimmt, herangezogen wird, um die Seelsorge als öffentlichen sozialen Dienst plausibel zu machen und um die Zusammenarbeit der verschiedenen Religionen und Konfessionen in medizinischen und sozialen Einrichtungen der pluralen Gesellschaft zu ermöglichen.

---

[36] Wenz/Kamran, Seelsorge und Islam in Deutschland, 12.
[37] Ebd. 12.
[38] Ali Seyyar, Die theoretischen Konzepte der Seelsorge aus islamischer Sicht, in: Ucar/Blasberg-Kuhnke, Islamische Seelsorge zwischen Herkunft und Zukunft, 92.
[39] Ebd. 96.

3.2 Interkulturelle Seelsorge als kulturell sensible, christliche bzw. religiöse Hilfe zur Lebensgestaltung

Auf diesem Hintergrund erlaube ich mir nun, die von mir entwickelte Sicht der Interkulturellen christlichen Seelsorge kurz zu skizzieren: Seelsorge ist kulturell sensible, christliche Hilfe zur Lebensgestaltung von Individuen und Gruppen im Kontext des Ökosystems durch die christliche Gemeinde für ihre Mitglieder und die Außenstehenden, die sie suchen. Aufgrund der Voraussetzung des christlichen Glaubens zielt sie auf die Befähigung von Menschen und Gruppen zu selbst organisiertem Verhalten im Alltag und in Konflikt- oder Krisensituationen, in dem diese ihre Möglichkeiten, als geliebte Geschöpfe Gottes zu handeln, wahrnehmen. Ihre soziale Basis ist die menschliche Kommunikation, ihr Spezifikum die Einladung zum glaubenden Verstehen und zur Veränderung von Situationen und Konflikten des Lebens im Dialog mit der jüdisch-christlichen Überlieferung. Man kann sich die Frage stellen, ob diese Bestimmung der Interkulturellen Seelsorge erweitert werden kann hin zu einem religiösen Verständnis von Seelsorge als kulturell sensibler religiöser Hilfe zur Lebensgestaltung im Ökosystem durch religiöse Gemeinschaften und einzelne Menschen, die in ihrem Auftrag handeln. Ob Seelsorge nun christlich, evangelisch, katholisch, islamisch oder jüdisch ist, wird bestimmt durch den religiösen Kontext, in dem sie geschieht, und die religiöse Identität der Seelsorgerin bzw. des Seelsorgers. Das verbindende Element der Seelsorge in verschiedenen Religionen ist dann die ethische Aufgabe der Lebensgestaltung. Als Gemeinsames wird hier vorausgesetzt, dass Menschen eine religiöse oder weltanschauliche Orientierung haben bzw. dafür offen sind und dass sie vor der Aufgabe stehen, ihr Leben in der Gemeinschaft zu gestalten. Dieses Gemeinsame ermöglicht dann auch die Zusammenarbeit von Seelsorgerinnen und Seelsorgern unterschiedlicher religiöser Herkunft.

4. Interreligiöse Seelsorge

4.1 Möglichkeiten und Grenzen interreligiöser Seelsorge

Andere können menschliche Hilfe erwarten, auch wenn sie keine Christen sind. In der Begegnung mit ihnen kann es zu einem Dialog über die religiösen und weltanschaulichen Grenzen hinweg kommen, in dem Seelsorgerinnen und Seelsorger ihr Selbstverständnis darlegen und Elemente ihrer Überlieferung kritisch ins Gespräch bringen, ohne den Respekt vor der weltanschaulichen Position der anderen aufzugeben. Interreligiöse Begegnungen in der Seelsorge setzen voraus, dass die Seelsorgerin, der Seelsorger für sich und für den oder die Gesprächspartnerin klar erkennbar ist in der Loyalität zum christlichen Glauben, zur Tradition und dem Bekenntnis seiner Kirche. Erst dann wird ein religiöse Grenzen überschreitender konstruktiver Dialog möglich. Auf dieser Grundlage kann er dem anderen Menschen helfen, seine Lebenssituation aufgrund der eigenen religiösen Überlieferung und in Loyalität zur eigenen religiösen Gemeinschaft zu deuten und Lösungen zu entwickeln. Dabei ist die Kenntnis der anderen religiösen Überlieferung hilfreich, noch hilfreicher aber die systematische Nachfrage nach der religiösen Sichtweise des anderen, die seine religiösen Kenntnisse und Erkenntnisse nutzt. Möglich und situativ notwendig ist auch die kritische Rückfrage, der kritische Dialog der religiösen Traditionen. Eine unzulässige Grenzüberschreitung für jeden Seelsorger und Seelsorgerin stellt die Übernahme von religiösen Rollen und Handlungen der anderen Religion dar. Durchaus möglich ist es m. E., Texte der nicht-christlichen religiösen Überlieferung aufzugreifen und in den Dienst der christlichen Lebensdeutung zu stellen.

4.2 Theologie der Religionen

Der interreligiöse Dialog und erst recht die interreligiöse Seelsorge setzen voraus, dass es den Kommunikationspartnern möglich ist, sich von ihrer eigenen religiösen Position her in ein inhaltlich qualifiziertes Verhältnis zu den religiösen Positionen der jeweils anderen Partner zu setzen. Voraussetzung dafür ist eine Theorie der Bedeutung anderer Religionen oder eine Theologie der Religionen. In der bisherigen Diskussion zur Theologie der Religionen wurde generalisierend zwischen den Positionen des Exklusivismus, des Inklusivismus und des Pluralismus unterschieden. Der religionstheologische Exklusivismus lehnt andere Religionen als die eigene als Heilsweg ebenso ab wie ihren Wahrheitsanspruch. Der theologische Inklusivismus ordnet den Wahrheitsanspruch und den Heilsweg anderer Religionen der eigenen Religion als Zentrum zu. Ein Beispiel dafür ist Hans Küngs Projekt Weltethos oder Karl Rahners Theorie des anonymen Christentums, die von der Universalität des Heilswerkes Christi ausgeht und in anderen Religionen die Werte, Haltungen und Handlungen identifiziert, die mit dem christlichen Glauben übereinstimmen. Der Exklusivismus stellt die Möglichkeit des offenen interreligiösen Dialogs per se immer wieder in Frage und birgt in sich die Gefahr der Intoleranz. Der Inklusivismus relativiert die Unterschiede und könnte von den Vertretern anderer Religionen als unangemessene Vereinnahmung aufgefasst werden. Die Position eines religionsphilosophischen Pluralismus wie ihn etwa John Hicks vertreten hat, will beide Extreme vermeiden. Seine These lautet: »Wie das Christentum, so gründen auch die anderen großen, traditionsreichen Religionen der Welt auf authentischen und heilseröffnenden Erschließungen der einen göttlichen Wirklichkeit.«[40] Alle Religionen erschließen die radikal transzendente Wirklichkeit des Seinsgrundes, die Hicks »the Real« nennt. »Keine Religion, keine Offenbarung, kein Gottesmittler kann beanspruchen, seine Fülle ganz und vollkommen in sich zu schließen und sie damit für sich allein – für ihre religiösen Überzeugungen und Vollzüge – zu reklamieren. Alle diese Überzeugungen und Vollzüge sind Repräsentationen des Seinsgrundes, der unerschöpflich ist.«[41] Der religiöse Pluralismus, der vor allem in der angelsächsisch geprägten Welt verbreitet ist, ermöglicht den interreligiösen Dialog, zeigt allerdings nicht mit Notwendigkeit, weshalb die religiöse Vielfalt unumgänglich ist und weshalb jemand eine bestimmte religiöse Position vertreten soll. Zu fragen wäre, ob nicht der religiöse Pluralismus als Modell die religiöse Positionalität, die er fordert, aushebelt oder in Frage stellt.

Weiterführend können hier Überlegungen von Markus Mühling sein. Er will »radikale Klassifikationen wie Exklusivismus, Inklusivismus und Pluralismus (zu) vermeiden« und »sinnvolle Theoriebereiche« klar unterscheiden[42]. Er schlägt vor, dass Theologien der Religionen unterscheiden zwischen der Wahrheitsfrage, der soteriologischen Frage nach dem Verhältnis der Heils- und Erlösungsansprüche der Religionen und der sozialethischen Frage der Toleranz[43]. Die Beziehung zwischen diesen Fragen und den Antworten von Theorien der Religionen kann differenziert betrachtet werden. So ist es möglich, dass eine Religionstheorie in der Wahrheitsfrage strikt exklusivistisch argumentiert, die Frage nach dem Heil für Menschen aus anderen Religionen aber offener betrachtet und Wege zur Erlösung auch in der anderen Religion erkennt. Ebenso kann eine Religion auch bei

[40] Reinhold Bernhardt, Pluralistische Theologie der Religionen, in: Peter Schreiner/Ursula Sieg u. a. (Hg.), Handbuch interkulturelles Lernen, Gütersloh 2005, 169.
[41] Ebd. 171.
[42] Ebd. 16f.
[43] Ebd. 17.

exklusivem Wahrheitsanspruch die Toleranz anderer Religionen befürworten. Damit wird vermieden, dass um der religiösen Toleranz oder der Ermöglichung des interreligiösen Dialogs willen die Geltungsansprüche einer Religion im Rahmen einer Theologie der Religionen von vornherein relativiert und möglicherweise vorschnell Konsense behauptet werden, die einer kritischen Prüfung nicht standhalten. Die Toleranz als sozialethische Antwort auf das religiöse Pluralismusproblem muss von jeder Religion in eigener Weise begründet werden.

Das Christentum kann die soteriologische Frage nach dem Heil und der Erlösung von Menschen, die anderen Weltanschauungen und Religionen angehören, durchaus inklusiv vertreten. Biblisch begründet ist der universale Heilswille Gottes: Gott will, dass allen Menschen geholfen werde und sie zur Erkenntnis der Wahrheit kommen (1. Tim. 2,4; Joh. 3,8). Das Heil wird Menschen durch das Wirken des Heiligen Geistes zuteil, der nach biblischem Zeugnis weht, wo er will (Joh. 3,8) und nicht an den Grenzen des Christentums haltmacht. Christen können im Rahmen ihres Glaubens nicht erkennen, wie Gott in der anderen Religion wirkt. Das hindert sie ebenso wie Vertreter anderer Religionen aber nicht daran, ethisch zusammenzuarbeiten, zusammenzuleben und sich einzuladen. Darauf zielt Theo Sundermeiers hermeneutische Forderung der »Konvivenz« als Form des Umgangs mit dem Fremden. Ein interessanter Vorschlag wurde von Jürgen Moltmann gemacht. »Wir laden Menschen anderer Religionen und Weltanschauungen zur Zusammenarbeit an jener Zukunft ein, die wir in den Symbolen ›Reich Gottes‹, ›ewiges Leben‹ und ›Neuschöpfung von Himmel und Erde‹ uns vorzustellen versuchen.«[44] Die Kooperation im Interesse des Lebens, der Zukunft und des Friedens zwischen Völkern, Menschen mit verschiedener Hautfarbe, Geschlecht und Lebensalter, auch im Interesse des Friedens der Religionen ist die zentrale konstruktive Perspektive, die sich aus dem interreligiösen Dialog für das interreligiöse Lernen und für die interreligiöse Seelsorge ergibt.

5. Das Proprium interkultureller christlicher Seelsorge

Innerhalb der vielfältigen Formen von seelsorglicher Kommunikation lässt sich als Spezifikum, als das Proprium der Seelsorge, ausmachen, dass Menschen mit

---

[44] Jürgen Moltmann, Dialog oder Mission. Das Christentum und die Religionen in einer gefährdeten Welt, in: Rudolf Weth (Hg.), Bekenntnis zu dem einem Gott?, Neukirchen-Vluyn 2000, 45ff. zit. n. Schweitzer, a.a.O. (Anm. 14) 122f.

dem Evangelium der Liebe Gottes in der biblischen und kirchlichen Überlieferung in Berührung und ins Gespräch kommen, sodass sie alles, was sie erleben,
mit den befreienden Aussagen, Geschichten, Symbolen der christlichen Tradition vernetzen können. Das verändert und erweitert ihre Sicht der Wirklichkeit,
eröffnet neue Interpretations- und Verhaltensmöglichkeiten. Im Kern ist Seelsorge also ein hermeneutisches Geschehen, die individuelle und gemeinschaftli-
che Konstruktion von Deutungen der Wirklichkeit im Dialog mit der jüdisch-
christlichen Tradition, die das Evangelium von Jesus Christus in die Lebenssituation hineinspricht und so motivierend und orientierend für das Verhalten sein
kann. Interkulturelle christliche Seelsorge muss darum als der Versuch einer
verstehenden Annäherung von einander Fremden begriffen werden, die gemeinsam eine Welt der Bedeutungen konstruieren, innerhalb derer sie ihre Geschichten mit denen des Evangeliums verschränken, die eigene Lebenssituation glau-
bend zu verstehen suchen und narrativ an ihrer Umgestaltung arbeiten.

6. Wie arbeitet die interkulturelle systemische Seelsorge? –
Ein Praxisbeispiel

An einem Beispiel aus unserer Beratungspraxis will ich nun erläutern, wie wir
mit dem Modell der interkulturellen systemischen Seelsorge in Brasilien gearbeitet haben und wie sich der systemische Ansatz hier auswirkt.

Ein ca. 50 Jahre altes Ehepaar kommt mit seinem 21 Jahre alten Sohn in die
Beratung. Er leidet an einer Schizophrenie und war deswegen schon mehrfach
für mehrere Monate in der psychiatrischen Klinik. Er wohnt bei den Eltern. Sie
beklagen sich, dass sich sein Zustand nicht bessere, dass er immer wieder starke
Ängste habe vor Stimmen von Geistern, die zu ihm sprechen, und dass er dann
nachts weglaufe oder schreie und verzweifelt um sich schlage. Auch sei er sehr
unruhig, sodass die Eltern nicht zur Ruhe kommen. Da der Sohn arbeitslos ist
und kein eigenes Einkommen hat, ist er darauf angewiesen, bei den Eltern zu
wohnen. Die Eltern sind enttäuscht von den Ergebnissen der Aufenthalte in der
psychiatrischen Klinik. Die Mutter sagt, dass sie der Meinung sei, die Krankheit
habe spirituelle Ursachen und müsse auf spirituellem Weg bearbeitet werden.
Auf die Frage, wie sie denn mit den akuten Krisen des Sohnes umgehen, antwor-
tet sie: Wir sind in einer Pfingstkirche und rufen die Nachbarn und die Geschwis-
ter aus der Gemeinde und bilden eine Gebetskette gegen den Dämon. Sie berich-

tet, dass sie ein spirituelles Medium in einem Umbanda-Zentrum war. Das heißt: Sie gehörte zum engen Kreis der Personen, die Rituale an einem afrobrasilianischen Kultzentrum geleitet haben. Sie wurde durch eine afrikanische Gottheit, einen Orixá, berufen. Diese Gottheit hat sie während der Kultzeremonien inkorporiert, d. h. sie war davon überzeugt, dass der Geist des Orixá von ihr Besitz nimmt und durch sie spricht. Nun hat sich diese Frau aber unter dem Einfluss einer der Pfingstkirchen zum Christentum bekehrt und ist aus dem afrobrasilianischen Kultzentrum in eine Pfingstgemeinde gewechselt. Sie berichtet, dass sie den Einfluss der afrikanischen Geister hinter sich gelassen hat, aber dass sie noch um sie kämpfen. Am Kultzentrum würden magische Rituale veranstaltet, um sie zurückzuholen. Sie würde das genau spüren. Aber sie sei stark im Glauben und könne den Angriff der Geister abwehren, aber ihr Sohn sei schwach. Darum würde ihn die Kraft der magischen Rituale treffen und das mache ihn krank. Sie und ihr Mann sind also der Überzeugung, dass die Krankheit des Sohnes durch Geister verursacht ist und dass sie im Zusammenhang des spirituellen Krieges zwischen afrobrasilianischem Kult und Pfingstkirche zu verstehen sei.

In der Beratung gehen wir folgenderweise vor:

Wir klären das Ziel, das die Klienten für die Beratung haben und welche Lösungswege möglich sind. Außerdem fragen wir nach Lösungen, die sie schon ausprobiert haben und die gescheitert sind. Wir suchen nach den Ressourcen, die zur Erreichung des Ziels zur Verfügung stehen. Wir begleiten sie in der Beratung bei ersten Schritten auf dem Lösungsweg und coachen sie, wenn es Schwierigkeiten, Fragen oder Probleme gibt.

Konkret fragen wir die Eltern und den Sohn, was sie sich als Ergebnis wünschen. Der Sohn will zur Ruhe kommen und nicht mehr so geplagt werden. Die Eltern wollen zur Ruhe kommen, nicht mehr nachts durch den Sohn gestört werden oder sich Sorgen machen, weil er verwirrt in der Stadt unterwegs ist. Wir fragen, welche Ressourcen sie zur Verfügung haben, um das Ziel, zur Ruhe zu kommen, zu erreichen. Sie nennen das Gebet, die Gemeinschaft in der Gemeinde, dann aber auch die Medikamente, die der Sohn bekommt. Schließlich denken sie ganz konkret darüber nach, dass er ein Zimmer in einem anderen Teil des Hauses bekommen kann, sodass er die Eltern nicht mehr im Schlaf stört.

Wir Berater bestärken die Eltern und den Sohn, in der Gemeinschaft der Gemeinde und im gemeinsamen Gebet spirituelle Stärkung zu erfahren, sodass sie Kraft finden, den Sohn mit seiner Krankheit zu akzeptieren und trotzdem Widerstand zu leisten, wenn die Angst zu groß wird und die Krisen von Gewalt oder den Rückzug nicht zuzulassen. Als Christen gehen wir Berater davon aus, dass Jesus Christus in seinem Tod am Kreuz die Welt mit Gott versöhnt und die Macht des Bösen besiegt hat. Darum glauben wir nicht, dass die Schizophrenie von Geistern verursacht wurde. Aber das spielt keine Rolle, weil wir die Sichtweise der Klienten akzeptieren und bei unserer Intervention von ihrer Perspektive ausgehen. Wir regen sie aber zu einer neuen Sichtweise an. Darum übersetzen wir die Botschaft vom Sieg Jesu Christi über die Mächte und Gewalten in die symbolische Welt der Klienten. Wir sagen ihnen, dass die Geister den Kampf schon verloren haben, sprechen am Ende auch selbst ein Gebet mit den Klienten und, wenn sie dies wünschen, segnen wir sie im Vertrauen auf die Macht Gottes, die das Böse überwunden hat.

Wir Berater gehen aber auch davon aus, dass die medizinische Hilfe durch Psychotherapie und Psychopharmaka, die der Psychiater dem kranken Sohn verschreibt, eine gute Gabe Gottes ist, die auf jeden Fall als Ressource genutzt werden soll. Darum wollen wir den Sohn und die Eltern motivieren, die psychiatrische Hilfe weiterhin in Anspruch zu nehmen und die verschriebenen Medikamente regelmäßig einzunehmen. Wir gehen davon aus, dass die Medikamente helfen, das Ziel, mehr zur Ruhe zu kommen, zu erreichen. Wir betrachten es als zentrale Aufgabe interkultureller Seelsorge in diesem Fall, eine Brücke zu bauen zwischen der symbolischen Welt der Klienten, die von fundamentalistischer Frömmigkeit und einem expressiven traditionellen Geisterglauben bestimmt ist, und der Welt der modernen Medizin und Naturwissenschaft. Dabei hat das Argument eine Schlüsselfunktion: Die moderne Medizin ist eine gute Gabe Gottes des Schöpfers – übrigens auch, wenn der Arzt, der sie verschreibt, selbst kein Christ ist.

Kontaktaufnahme mit den Klienten, Exposition des Problems, Festlegung des Ziels der Beratung/Therapie mit den Klienten, Erarbeiten von Lösungsvorschlägen, Aktivierung von Ressourcen und Begleitung bei den Schritten zur Lösung sind also die Grundelemente der Vorgehensweise systemischer interkultureller Seelsorge in Brasilien.

Dieser Ansatz geht davon aus, dass sowohl die Probleme als auch die Lösungen und Ressourcen sich aus der Interaktion der Menschen in den verschiedenen Dimensionen des Ökosystems der Welt ergeben, dessen Teil wir sind.

Die ökosystemisch ausgerichtete interkulturelle Seelsorge zielt auf das Empowerment der Klienten, d. h. sie betrachtet sie als Menschen, die dazu berufen sind, als Individuen in der Gemeinschaft und in den verschiedenen sozialen Ausprägungen der Gemeinschaft ihre Gaben als von Gott geliebte und in Jesus Christus zur Freiheit im Glauben berufene Geschöpfe zu leben, dabei ihre Gaben und Möglichkeiten zu entwickeln und einzusetzen sowie die zur Verfügung stehenden Ressourcen zu nutzen. Sie tun dies im Rahmen von Begegnungen und Beziehungen, in denen die menschliche Kultur immer neu auf vielfältige Weise konstruiert wird.

7. Schluss

Die kulturelle und religiöse Pluralisierung der europäischen Gesellschaften fordert eine interkulturelle und interkulturelle Seelsorge. Interkulturelle und interreligiöse Begegnungen werden in der Seelsorge zum Normalfall. Die Entwicklung einer islamischen und jüdischen Seelsorge unter Bezugnahme auf die Erkenntnisse der Humanwissenschaften und der Pastoralpsychologie führen zu einer Pluralisierung des Seelsorgeverständnisses. Damit stellt sich die Frage danach, wie die Vertreter der verschiedenen Religionen in der Seelsorge in Institutionen kommunizieren und zusammenarbeiten können. Was sind die Bedingungen dafür? Genügt die Bedingung der Anerkennung der Pluralität und der Toleranz der Arbeit des Anderen mit seinem Seelsorgeverständnis? Gibt es etwas, was die verschiedenen Seelsorgekonzepte verbindet? Mir scheint, dass das Konzept von Seelsorge als Spiritual Care ein Versuch ist, das Verbindende zu benennen. Ich habe in diesem Beitrag vorgeschlagen, Seelsorge als religiöse Hilfe zur Lebensgestaltung zu beschreiben, deren spezifische Ausprägung dann durch den Kontext der religiösen Gemeinschaft und ihrer Überlieferung bestimmt wird. Dies kann als Basis für die interkulturelle und interreligiöse Seelsorgepraxis und für die Auseinandersetzung mit den unterschiedlichen kulturellen und religiösen Seelsorgekonzeptionen dienen.

(Prof. Dr. Christoph Schneider-Harpprecht ist Oberkirchenrat, Leiter des Referats Erziehung und Bildung der Evangelischen Landeskirche in Baden und apl. Prof. für Praktische Theologie an der Universität Heidelberg)

ABSTRACT

The article underlines the relevance of intercultural and interreligious pastoral care and counseling in pluralistic societies. It presents diverse concepts (Augsburger, Groezinger, Weiss, Lartey, Islamic Pastoral Care) and explains the approach of systemic intercultural and interreligious Pastoral Care based on the theological position of a meta-critical inclusivism. The author counts on the universal action of God's spirit and its presence among believers in various religions, but is aware of the limited knowledge about God's truth due to the perspective bias of different religious belief systems. Intercultural and interreligious Pastoral Care is defined as solution orientated religious help for conduct of life. The methodological approach is exemplified by a case study from Brazil.

Kommunikation und Seelsorge zwischen religiösen und kulturellen Welten

Eberhard Hauschildt

»Kommunikation und Seelsorge zwischen religiösen und kulturellen Welten« wird im Folgenden in drei Hinsichten expliziert: In einem ersten Schritt soll gezeigt werden, wie interkulturell Seelsorgebegriff und Seelsorgepraxis historisch schon längst gewesen sind. In einem zweiten wird aus verstehenstheoretischer (hermeneutischer) Perspektive das Nicht- und Missverstehen als Ausgang und Movens von (interkultureller) Seelsorge herausgearbeitet. Im dritten Schritt wird exemplarisch für die muslimische und die christliche Seelsorge in Deutschland gezeigt, worin Gemeinsamkeiten in den Optionen liegen, und es wird auf eine Konvergenz, nämlich in der Aufwertung der Seelsorge durch Ehrenamtliche, aufmerksam gemacht.

I. Interkulturelle Kommunikation als Normalfall[1]

Ich setze begriffsgeschichtlich ein: Das deutsche Wort »Seelsorge« ist eine Übersetzung des lateinischen »*cura animarum*«, das wiederum eine Übersetzung des griechischen »*epimeleia tes psyches*« darstellt. »*Psyches*« ist freilich Genitiv Singular (»Seelsorge«), während das lateinische »*animarum*« daraus einen Genitiv Plural macht (»Seelensorge«). Jener griechische Begriff der Seelsorge kommt nicht aus dem Eigenvokabular der Kirche. In der Bibel ist von der Seele und von der Sorge die Rede, aber nirgends von »*epimeleia tes psyches*«. Höchstens findet sich in der Bergpredigt genau dieser Aufruf: »Sorgt euch nicht um

---

[1] Vgl. dazu auch: Eberhard Hauschildt, Seelsorgelehre. Interkulturelle Seelsorge als Musterfall für eine Theorie radikal interaktiver Seelsorge, in: Karl Federschmidt/Ders. u. a. (Hg.), Handbuch Interkulturelle Seelsorge, Neukirchen 2002, 241–261.

eure Seele [hier steht im Griechischen das Wort »*psychē*«]; auch nicht um euren Leib« (Matthäus-Evangelium Kap. 7, Vers 25). Ob da Matthäus die griechische Rede von Seelsorge im Blick hatte? Auf jeden Fall ergibt sich aus diesen Überlegungen meine erste These: *Terminologisch erfunden hat die Seelsorge, den Begriff der Seelsorge, ein Heide, nämlich Sokrates, so wie Plato ihn verewigt hat.*

Bei Jesus wird dem Sorgen um die Seele die um den Leib gleichgeordnet und beides mit der religiösen Sorge kontrastiert: »Trachtet zuerst nach dem Reich Gottes und nach seiner Gerechtigkeit, so wird euch alles andere zufallen.« (Vers 33) Bei Plato ist das anders: Bei ihm stand der Begriff für eine gesellschaftskritische und genauso auch religionskritische Reflexion. Das philosophische Sich-Kümmern um sich selbst, innere Selbstreflexion und Selbstdeutung steht gegen das, was die Stadtoberen und ihr Staatskult sagen. Hier wurde eine Differenz entdeckt zwischen Ritual und Seelsorge. Vorher, und das ist in archaischen Gesellschaften typisch, war Ritual der umfassende Ort gewesen, in dem Lebensgewissheit erfahren wurde, und zugleich integrales Element von dem, was später dann in Religion und Politik und Wissenschaft, Kollektiv und Individuum als gegeneinander abgegrenzte Sphären oder Systeme behandelt wird.[2] Seelsorge tritt bei Plato in Differenz dazu: Das Innere, das Eigene, die Differenz zum außen, zu den Sitten und zu den politischen Mächten wird profiliert.

Wie kam der Seelsorgebegriff aber dann in die Kirche? Als das Alte Testament ins Griechische übertragen wurde, war der dort häufig verwendete Begriff der »*näfäsch*« zu übersetzen. *Näfäsch* steht für den Lebensodem, die Lebenskraft. Sie ist religiös konnotiert, aber eben gerade nicht unsterblich, sondern vergeht mit dem Tod. In den Psalmen meldet sie sich und tritt mit Gott in Kommunikation: »Meine Seele hofft auf dich, Jahwe« oder: »Wo bist du, Jahwe, meine Seele verdurstet!« Als zweite These lässt sich formulieren: Man übersetzt »*näfäsch*« in der Septuaginta-Übersetzung mit »*psyche*« und *setzte damit die hebräischen Vorstellungen in den Kontext hellenistischer Anthropologie* von Leib, unsterblicher Seele und Geist. Ein erster interkultureller Akt in Sachen Seelsorge ist das, der schon im Judentum zur Zeit Jesu wirksam wurde.

Dann ein zweiter, der sich thetisch so formulieren ließe: *In der Alten Kirche werden im 4. Jahrhundert hellenistische und jüdische Traditionen fusioniert*: Die

---

[2] So bekanntlich die These Niklas Luhmanns. Für den Wandel in der Veränderung des Helfens von der archaischen Gesellschaft zur Moderne hin exemplifiziert in: Niklas Luhmann, Formen des Helfens im Wandel gesellschaftlicher Bedingungen, in: Hans-Uwe Otto/Siegfried Schneider (Hg.), Gesellschaftliche Perspektiven der Sozialarbeit. Bd. I. Erster Halbband, Neuwied/Berlin 1973, 21–43.

Sorge um die Seele ist darum dies: Mit Gottes Hilfe, durch Gebet, Ritual und oft auch Askese die Seele vor den Verführungen des Leibes und der sündigen Welt zu bewahren. Und es ist Aufgabe der Hirten, sich um die ihnen anvertrauten Seelen zu kümmern, ganz nach dem Motto, das sich schon im Hebräerbrief (Kap. 13, Vers 17) findet: »Gehorcht euren Lehrern und folgt ihnen, denn sie wachen über eure Seelen.« Die Praktiken des gegenseitigen Ermahnens und Tröstens, die etwa in den paulinischen Briefen eine Rolle gespielt hatten, geraten damit in den Hintergrund. Im Mittelalter ist die Seelsorge zu einem kirchenrechtlichen kodierten Privileg des Priesters geworden, der im Ritual der Beichte von Sünden freispricht und Bußstrafen zur Kompensation auferlegt.

Eine dritte transkulturelle Entwicklung lässt sich in die These fassen: Die Reformation wird ausgelöst als Protest Luthers gegen die Ablasspraxis, bei der versprochen wurde, mit Geldzahlungen sich den Seelenfrieden zu erkaufen. Luther machte dann den deutschen Begriff »Seelsorge« stark (hier wieder mit dem Singular) als den vornehmsten Titel für Christus. Denn Christi Amt als Heiland ist, dass er mit dem Evangelium den in Gewissensangst Gefangenen die Rechtfertigung zusagt und sie tröstet.[3] *Die Reformation setzt insoweit an die Stelle der Ablasszahlungen zum Seelenfrieden den Trostcharakter des Evangeliums.*

Vierte Transformation: *Mit dem neuzeitlichen Bürgertum ab dem 18. Jahrhundert wird Seelsorge zur Domäne bürgerlichen Gesprächs.*[4] Sie wird ausgeübt als Seelsorge durch den Pfarrer, so Schleiermacher am Beginn des 19. Jahrhunderts, nur dann, wenn Seelsorge angefragt wird, und solange, bis sie sich selbst überflüssig gemacht hat.[5] Auf dieser in lateinischer Begrifflichkeit »*cura animarum specialis*«, der Einzelseelsorge, lag fortan bei den Protestanten das Gewicht, während – hier findet sich fünftens *im deutschen Sprachraum eine Spreizung in zwei Subkulturen* – im katholischen Bereich der Seelsorgebegriff weiter vor allem die gesamte Pastoral als »*cura animarum generalis*« umfasst (aber auch bei den Evangelischen meint z. B. Gefängnisseelsorge selbstverständlich auch Gottesdienst und Diakonie mit).

Sechste Transformation: Im 20. Jahrhundert, *unter dem Eindruck der Psychoanalyse als medizinisch-professionellem Handeln, wird entweder das spezifisch Theologische herausgearbeitet und explizite Religion gefordert* (Seelsorge ist anders als Therapie mit der Bibel vorzunehmen und soll in das Gebet münden)

---

[3] Vgl. Gerhard Ebeling, Luthers Gebrauch der Wortfamilie ›Seelsorge‹, in: Lutherjahrbuch 61 (1994), 7–44.
[4] Vgl. Eberhard Hauschildt, Alltagsseelsorge, Göttingen 1996, 21–45.
[5] Vgl. die Auszüge bei Friedrich Wintzer (Hg.), Seelsorge, 2. Aufl. München 1985, 3–17.

oder – so mit der Seelsorgebewegung ab den 1970er Jahren dominierend – es wird *die psychotherapeutische Methodik in der Seelsorge zum Standard*. Hinzu tritt eine Ausweitung des Gebrauchs des Begriffs der Seelsorge auf über den Bereich der christlichen Kirche hinaus: Bisweilen ist auch von ärztlicher Seelsorge die Rede; es gibt besonders in den USA auch eine breite Beteiligung jüdischer Theologie an der Seelsorgebewegung. In Deutschland kommt es dann, vergleichsweise spät, eigentlich erst nach der Jahrtausendwende zu einer Debatte über »muslimische Seelsorge«. Muslime übernehmen die Vorstellung von Seelsorge für sich, Ausbildung in muslimischer Seelsorge im Krankenhaus und in der Notfallseelsorge wird gesucht und findet faktisch zu einem hohen Teil durch Lehrende aus den beiden Großkirchen statt. In der Notfallseelsorge arbeiten christliche Hauptamtliche und muslimische ehrenamtliche Seelsorgerinnen und Seelsorger Seite an Seite.

Also: Ein einziger großer Wechsel von Übertragungen in jeweils andere Kulturen und Sprachen, Bedeutungsverschiebungen dadurch, aber auch durch Entwicklungen innerhalb eines bestehenden Kontextes. Der Seelsorgebegriff heute ist das Resultat ausgeprägt interreligiöser und interkultureller Prozesse. Nimmt man noch hinzu, ob man bei der Übersetzung des Wortes »Seelsorge« ins Englische nun sagen soll: »*pastoral care*«, »*pastoral counseling*« oder »*spiritual care*«, wird auch noch deutlich, dass selbst im christlichen Westen kulturelle Differenzen am Werke sind – selbstverständlich. Und das ist immerhin bei einer Praxis der Fall, die als eine der großen Hauptkommunikationsformen christlicher Praxis überhaupt gilt.

Also zeigt bereits allein die begriffsgeschichtliche Betrachtung die durch und durch interkulturelle Dynamik bei der Seelsorge. Ein Weiteres kommt hinzu. Auch dies ist ebenfalls schon vor allem im Blick auf Interkulturalität im Sinne von Austausch heute zwischen Deutschen und Immigranten gegeben: *Auch unter den evangelischen Deutschen des 20. Jahrhunderts ist »Seelsorge« oft faktisch eine Art »interkulturelle Seelsorge«.*[6] Auf der Seite des kirchlichen Seelsorgers, der kirchlichen Seelsorgerin mag eine relativ einheitliche Erwartungshaltung gegenüber Seelsorge bestehen. Zwar ist man sich auch bewusst, dass das Gegenüber in vielen Fällen weniger kirchlich als man selbst sein mag. Aber es bleibt soweit doch die Vorstellung: Seelsorge ist das Reden über Konflikte und Ge-

---

[6] Vgl. dazu Eberhard Hauschildt, Interkulturelle Seelsorge unter Einheimischen. Vom blinden Fleck der Seelsorgetheorie in: Claudia Schulz / Eberhard Hauschildt / Eike Kohler, Milieus praktisch II. Konkretionen für Helfendes Handeln in Kirche und Diakonie, Göttingen 2010, 263–282.

fühle, die Reflexion über biographisch Erlebtes und die Suche nach verbesserter Deutung. Doch diese Fokussierung erweist sich als einigermaßen kulturblind. Es drückt sich in ihr ein durch und durch bildungsbürgerliches Ideal vom guten Gespräch aus, ausgerichtet auf ein idealisiert bildungsbürgerlich-therapeutisches Gesprächs- und Kommunikationsverhalten. Das muss beim genauso deutsch-einheimischen Gegenüber aber nicht gegeben sein: Hier kann Seelsorge auch ganz pragmatisch als Dienstleistung von Fachpersonal für die Lösungen bestimmter Aufgabenstellungen angefragt sein oder es wird vom Gegenüber (häufiger bei Menschen mit wenig formaler Bildung der Fall) gar kein Unterschied zwischen agierendem Handeln und reflektierendem Reden gemacht, zwischen Erlebtem und Deutungen. Die Milieuuntersuchungen haben solche Diskrepanzen deutlich gemacht. Seelsorge über die Milieugrenzen hinweg ist auch eine Art von interkultureller Seelsorge. Es gibt auch hier schon keine voraussetzbare Übereinstimmung über den Inhalt von Normen wie über den Umgang mit Normen und über das Gesprächsverhalten. Die Vorstellungen darüber, was und wie Seelsorge sei, klaffen auch hier milieukulturellbedingt weit auseinander.

Mit all dem demonstriert der Fall »Seelsorge« damit nur besonders deutlich einen ganz häufigen Sachverhalt. Die Wirklichkeit ist viel interkultureller als den meisten bewusst. Das fällt nur da eben nicht auf, wo kulturelle Fusionen oder auch Subkulturbildungen selbst schon als gegeben erscheinen oder wo Dominanzen bestimmter Subkulturen anderes gar nicht in den Blick kommen lassen.

Der gezeigte Sachverhalt hat auch Folgen für die Durchführung von Seelsorgewissenschaft selbst. Etwas als interreligiös bzw. interkulturell zu identifizieren, bedeutet eine Mittelposition einzunehmen zwischen zwei extremen Möglichkeiten, den Sachverhalt zu verstehen. Es wäre ja auch denkbar, die Sache, hier also die Seelsorge, als ganz spezifisch für eine Religion bzw. eine Kultur anzusehen. Dann wäre Seelsorge etwa ein spezifisch christliches, westeuropäisches Phänomen, während Muslime z. B. für eine ihrer religiösen Praxis entsprechende Ausdrucksform gerade einen anderen, einen spezifisch islamischen Begriff wählen sollten. Die Gegenposition würde die Auffassung vertreten, dass Seelsorge ein transkulturelles und transreligiöses Phänomen ist, das sich in allen Kulturen und Religionen zeigt. Seelsorge wäre dann eine anthropologische Konstante. Auch diese These macht Sinn. Sie erleichtert das wissenschaftliche Gespräch über das Thema Seelsorge zunächst ungemein – stellt sie doch sicher, dass alle Beteiligten, aus welchen kulturellen und religiösen Herkünften auch immer, sich mit dem gleichen Gegenstand beschäftigen, während es nach der entgegengesetzten These eigentlich keinen wirklich überzeugenden Grund gibt, sich miteinander auszutauschen.

Ein Verständnis der Seelsorge als interkulturelles und interreligiöses Phänomen geht aber über beide Positionen hinaus. Es *abstrahiert nicht von der Verschiedenheit der Religionen und Kulturen, sondern vertieft den Dialog zwischen ihnen über die Grenzen hinweg.* Dabei geht solch ein Verständnis davon aus: Ob das, was man vorläufig einmal »Seelsorge« nennt, eher spezifisch für eine bestimmte Religion bzw. kulturspezifisch ist oder eher religions- und kulturübergreifend, gilt nicht von vornherein als ausgemacht. Erst durch *selbst interkulturelle Seelsorgewissenschaft* wird klarer, inwieweit das eine und das andere stimmt. *Ein interreligiöser und interkultureller Dialog zum Thema der Seelsorge ist dann nicht nur ganz nett, sondern, wenn man wissenschaftlich weiterkommen will, ist er schlicht und einfach wissenschaftlich nötig.* Denn erst im Dialog kann es gelingen, treffgenau religions- und kulturbezogene Spezifika von Seelsorge wie anthropologische Gemeinsamkeiten der Seelsorge aufzuzeigen. Bleibt man in der theologischen Reflexion de facto innerhalb der eigenen Kultur und Religion, dann behindert das gravierend bei der Aufgabe, zwischen Spezifischem und anthropologisch Allgemeinem ebenso wie zwischen den Anteilen von Religion und von Kultur zu differenzieren.

II. Hermeneutik

Religiöse Welten sind Konstruktionen. Kommunikation zwischen solchen Welten ist als Betrachtungsgegenstand im Titel dieses Vortrags angekündigt. Ich betrachte in dem zweiten Gedankengang diese Kommunikation aus der Perspektive des Theoriegebildes »Hermeneutik«. Dazu sei zunächst die These exploriert: Missverstehen (Differenz im Verstehen) ist der Anfang und Motor allen Verstehens.

Auf den ersten Blick scheint eher die gegenteilige hermeneutische These plausibel: Es sind die gemeinsam geteilten Zeichenkonventionen, die die Basis des Verstehens ausmachen. Nur wenn der Empfänger diejenige Bedeutung, die ein Zeichen für die Zeichengeberin hat sowie dessen Verwendung korrekt entschlüsseln kann, kann er das Zeichen und sein Gegenüber wirklich verstehen. Gängigerweise wird in der Seelsorgeliteratur auch noch des 20. Jahrhunderts von einer gemeinsamen (religiösen) Welt als Basis des Verstehens ausgegangen. »Seelsorge findet sich in der Kirche vor« – so lautet der erste Satz in Eduard Thurneysens Seelsorgelehre von 1948, dem Paradebuch zur Seelsorge der Dialektischen Theologie. Seelsorge ist für Dietrich Stollberg 1978, und er ist Teil der Seelsorgebewegung, nun anders – in einem weiten Sinne – ein Psychotherapieverfahren, aber mit einem Proprium; sie ist nämlich »Psychotherapie im kirchlichen Kontext«[7]. Und auch 2008 scheint bei Michael Klessmann in seinem großen Lehrbuch der Seelsorge die Formel »Lebensdeutung im christlichen Kontext« noch als ausreichend zu gelten, um die Verstehensprozesse der Seelsorge zu beschreiben.[8]

Die Kommunikation zwischen unterschiedlichen religiösen Welten in der interkulturellen Seelsorge bleibt bei einer solchen Seelsorgetheorie, die die schon vorab bestehenden Gemeinsamkeiten zum entscheidenden Gesichtspunkt erhebt, außen vor. Interreligiöse Seelsorge wäre dann eben doch ein ziemlich defizitärer und problematischer Fall von Seelsorge, weil ihm die gemeinsame religiöse Welt, die die Definition voraussetzte, fehlt.

Zwar ist richtig, dass auch interkulturelle Kommunikationen – in der Regel und jedenfalls da, wo sie über Worte kommunizieren – auf das Instrument einer gemeinsamen Sprache im engen Sinne, auf Sprachkenntnisse beider in einer gleichen Sprache, angewiesen sind; alles andere reduziert die Verstehensmöglichkeiten extrem. Doch ist damit nicht die Frage zu beantworten, was das Verstehen zwischen relativ verschiedenen Personen ausmacht.

Hier führt eine Einsicht weiter, die Friedrich Schleiermacher formulierte. Schleiermacher war es, der Anfang des 19. Jahrhunderts die Hermeneutik von einem Spezialthema des Verstehens biblischer Texte zur grundsätzlichen philosophischen Frage nach dem Charakter des Verstehens überhaupt maßgeblich erweiterte. In seinen »Leitsätzen zur Hermeneutik« gab er zu bedenken: »Die laxere Praxis [...] geht davon aus, dass sich das Verstehen von selbst ergibt und drückt das Ziel negativ aus: Missverstand soll vermieden werden. [...] Die strengere Praxis geht davon aus, dass sich das Missverstehen von selbst ergibt und das Verstehen auf jedem Punkt muss gewollt und gesucht werden.«[9]

Man könnte vieles Weiteres dazu sagen. Ich reduziere es auf die zentrale Einsicht: Es wird der Blick für den Prozess des Verstehens auf die graduellen Verschiedenheiten als die interessantere und präziser erfasste Konstellation gelenkt.

---

[7] Dietrich Stollberg, Wahrnehmen und Annehmen, Gütersloh 1978, 29.

[8] So im Untertitel und der zentrale Abschnitt § 6 (178–224) bei Michael Klessmann, Seelsorge. Begleitung, Begegnung, Lebensdeutung im Horizont des christlichen Glaubens. Ein Lehrbuch, Neukirchen 2008, 2. Aufl. 2009. Vgl. auch Martin Nicol, Gespräch als Seelsorge, Göttingen 1990, 162: »existentielles Gespräch im Horizont des christlichen Glaubens«.

[9] Friedrich D. E. Schleiermacher, Hermeneutik und Kritik, Frankfurt a. M. 1977, 90f.

Es ist die Situation des Missverständnisses, des Nicht-Verstehens und des Noch-nicht-genug-Verstehens, die zu Verstehensprozessen reizt.

Und – so ließe sich fortfahren: Es ist die Unterschiedlichkeit der Welten, die das produktive Potenzial des Verstehens ausmacht. Die Gesprächspartner werden durch das Verstehen des Gegenübers bereichert, durch das, was das Gegenüber an anderem einbringt, was ihnen jeweils für sich vorher nicht zuhanden war. Das gilt für jede Seelsorge – selbst noch für die, bei der die Seelsorge ausübende Person nur das Forum darstellt, auf dem sich die Seelsorge suchende Person ausspricht und dabei im Sich-Aussprechen in einer Atmosphäre von Akzeptanz ihre Lösungen von Problemen selbst findet.

Zur Kommunikation reizt, weil man sich vom Austausch mit dem Gegenüber etwas erwartet. Die Differenz ist produktiv. Seelsorge soll erbringen, dass etwas einem gesagt wird, was man sich so nicht selbst sagen könnte.

Diese hermeneutische Einsicht ist eine allgemeine Einsicht. Dass sie so deutlich zuallererst von einem Theologen, Schleiermacher, ausgesprochen wurde, könnte mehr als ein Zufall sein. Jedenfalls gewinnt die These noch einmal eine andere Tiefe, wenn man sie auf Einsichten aus der religiösen Erfahrung bezieht. In Religionen wird häufig davon ausgegangen: Menschen können sich selbst und ihre Welt nicht genug selbst verstehen, ihnen tritt eine andere Größe, die Transzendenz, ein Göttliches gegenüber, und im Austausch mit diesem wird dann erst die Welt und das eigene Leben genauer und richtig gesehen. Die christliche Theologie vertritt die These: Erst im Gegenüber zu Jesus Christus, in seiner Gegenwart durch Wort und Ritual, werden die Geheimnisse offenbar (vgl. z. B. Kol. 1, 16f.), sieht der Mensch sich selbst besser und richtig.

Das Sich-selbst-und-Gott-Missverstehen des Menschen ist der gegebene Zustand, das Verstehen hingegen ist erst zu suchen, voller Sehnsucht nach mehr und in der interkulturellen Begegnung mit den biblischen Texten, Texten aus der Antike, die sich auf einen Aramäisch sprechenden Zimmermann in der Provinz am Rande des Römischen Reichs beziehen. In der durch diesen Jesus vermittelten Weise der Begegnung mit dem ganz Anderen tritt – so der Anspruch – ein optimales Sich-selbst-Verstehen ein, sich im Zusammenhang der Welt und des eigenen Handelns nicht als hoffnungslosen Fall und auch nicht als problemlosen Fall zu verstehen, sondern – ich greife die Worte aus einer anderen Sprachwelt als der der Moderne auf – als Sünder, der von Gott gerechtfertigt wird. Die christliche Theologie beschreibt hier also ein Paradebeispiel von Verstehen auf der Basis von Missverstehen und das dann auch als eines mit interkulturellem Charakter.

Ich spitze den Sachverhalt noch weiter zu und springe jetzt in die Konstellation einer Seelsorge zwischen kultur- und religionsverschiedenen Menschen (mit Aussagen, die auch für andere Fälle ihre Gültigkeit behalten): *In der interkulturellen Seelsorge erschließen sich beide Partner in gewissem Ausmaß die religiöse Welt des Gegenübers.* Sie entdecken, a) worin diese merkwürdig anders ist als die eigene, b) worin diese der eigenen erstaunlich ähnlich ist und c) worin beide selbstverständlich gleich sind.[10] Welcher Eindruck überwiegt oder auch zu welchem der drei Eindrücke die besonders weiterführenden und helfenden Einsichten des Gesprächs gehören, mag verschieden sein. Doch immer ergibt sich im Ergebnis interkultureller Seelsorge ein Mosaik aus Deutungen, alten und neuen, stärker vom Gegenüber mit seiner Religion eingebrachten oder stärker von einem selbst aus der eigenen Religion bestimmten. Man kann dieses Gesprächsmosaik je anders in das Licht halten – beide Beteiligten tun es in je unterschiedlicher Weise im Lichte ihrer jeweiligen Religion.

Wenn beide ein geführtes Seelsorge-Gespräch so in das Licht ihrer Religion halten können, dass daraus ein Bild entsteht, das sie selbst als Bild ihrer eigenen Religion anerkennen können, wenn beide in diesem Sinn ihr »religionsspezifisches Credo«[11] wiederzuerkennen vermögen, dann hat die interreligiöse Seelsorge als interreligiöse Kommunikation ihr Ziel erreicht.

Nun sind freilich hier diese Verstehensprozesse immer noch sehr aus der Perspektive einer Buchreligion, eines personalen Gottesbildes und einer verbalen Kommunikation beschrieben; ich bleibe gewissermaßen innerhalb der Grenzen der abrahamitischen Religionen.

Darum ist noch einmal genauer die Frage der gewählten Codes der Kommunikation zu bedenken. Hier scheint mir: Es sind die unterschiedlichen Codes der Kommunikation für den Umgang mit Verschiedenheit an Kultur und Religion nicht in gleicher Weise ausgerüstet. Da tut sich eine Differenz zwischen verbaler und nonverbaler Kommunikation auf. Ihre Kulturabhängigkeit wie Kulturunabhängigkeit sind jeweils anders geartet.

Nonverbale Kommunikation besitzt Stärken im gleichzeitigen Ausdruck von Gegensätzen. Weiblich-Männliches, Tröstlich-Erschreckendes, Ruhig-Bewegtes

---

[10] »Every individual is, in some respects, like all others, like some others, and like no other.« Dieser Grundsatz interkultureller Seelsorge (vgl. Hauschildt, a.a.O. (Anm. 1), 244) geht zurück auf Clyde Kluckhohn/Henry A. Murray, Personality in nature, society and culture, New York 1948, 35.
[11] Nach Klaus Winkler soll in der Seelsorge das Gegenüber sein »persönlichkeitsspezifisches Credo« entwickeln (Ders., Seelsorge, Berlin, 2. erw. u. verb. Aufl. 2000, 276–278).

lässt sich in einem einzigen Bild ausdrücken, während die Sprache hier immer nur nacheinander reihen kann. Selbst Musik muss ihre – bei Mehrtonmusik gleichzeitigen – Ausdrücke unausweichlich aneinanderreihen und kann den eigenen Ausdruck nicht auf Dauer stellen. Dafür vermag sie die basalen emotionalen Gestimmtheiten und Stimmungswechsel besonders gut und körperbezogen auszudrücken und zu beeinflussen. Die Erfassung der Bedeutungsqualitäten von solchen visuellen und tonalen Gesamtgestalten ist jedoch besonders kulturabhängig. Ohne eine tiefe Vertrautheit mit der jeweiligen Kultur sind sie nicht angemessen zu entschlüsseln.[12]

Verbale Kommunikation ist im Vergleich dazu stärker im Grad an Präzision. Durch Sprache lässt sich darüber hinaus auch in der Zeit für das Bezeichnete springen, lassen sich logische Gegensätze als solche markieren, lässt sich ein Ausdruck durch immer noch weitere präzisieren oder auch wieder erweitern. Darum kann man dann mithilfe der Sprache Ausdrücke einer Kultur in Ausdrücke einer anderen Kultur im vollen Sinne »übersetzen«. Als sprachliche Ausdrücke können sie im Medium der Sprache neben die sprachlichen Ausdrücke des Gegenübers für dessen Kultur gesetzt werden, und sprachlich können Gemeinsamkeiten wie Unterschiede ausgedrückt werden, kann ihre Einbettung in Kontexte oder auch die Abstraktion vom Kontext vollzogen werden.

So erweist sich die Sprache als das herausragende Instrument, um über die Barrieren zwischen verschiedenen religiösen Welten hinausgehend zu kommunizieren. Man sieht, ich bleibe Intellektueller und Westeuropäer und priorisiere die Sprache. Wo aber die Sprache ans Ende ihrer Möglichkeiten kommt, weil ein Gegenüber aufgrund fehlender Sprachkenntnis oder fehlender Fähigkeit, überhaupt Sprache zu entschlüsseln, die Worte nicht verstehen kann, da gibt es dann immer noch eigene Möglichkeiten der nonverbalen Kommunikation. Sie lässt die seelsorgerliche Kommunikation dann nicht mit leeren Händen dastehen, weil Kommunikation von Trost, Ruhe etc. durch Zuwendung über Berührungen und Töne/Sprachmelodien und Bilder erfolgen kann.

Wo nun Seelsorge und Religion zwischen dem Verbalen und dem Nonverbalen hin- und herwechseln können, da ergibt sich noch einmal ein besonderes Poten-

---

[12] Höchstens können sich Bild- und Musiktraditionen unter dem Einfluss andersartiger Bild- und Musiktraditionen verändern, sie können andere Traditionen zitieren oder mit ihnen amalgieren – und benötigen dann für ihr Verstehen die Vertrautheit mit zwei Kulturen. Ansonsten (vgl. das Nebeneinander von »christlichen« und »heidnischen« Zeichen in der Ikonographie der ersten Jahrhunderte nach Christus) ist der Rückschluss auf die Bedeutung, die der Ausdruck für den Zeichengeber hatte, auch hier nicht möglich.

zial. Das Nonverbale ist ja viel mehr als nur ein Not-Stopfen da, wo das Verbale ans Ende gelangt ist; es kann in vielen Fällen auch zugleich als eine Basis in Religion und Seelsorge auftreten, auf der man dann weiter differenzierend das Verbale und Reflektierende aufbauen und Missverstehen korrigieren kann. Der andere Satz Schleiermachers mit den Gemeinsamkeiten als Basis hat auch eben sein Recht. Die Sprache der Musik oder die der körperlichen Bewegungen etwa können nicht grenzenlos, aber doch in einem erheblichen Ausmaß ganz ohne Worte und über kulturelle Grenzen hinweg Gemeinsamkeiten herstellen.

Das Verhältnis von Verbalem und Nonverbalem ist in Kulturen und zwischen Religionen unterschiedlich. Gerade die Frage von Schrift und Tradition, die bekanntlich schon zwischen der protestantischen und der römisch-katholischen Religionskultur unterschiedlich gestaltet ist, stellt sich auch bei anderen Religionen jeweils deutlich anders dar, abhängig davon, welche der beiden Größen wie maßgeblich sind und in der religiösen Alltagspraxis verwendet werden.

III. Christliche und muslimische Seelsorge in Deutschland, Gemeinsamkeiten und Konvergenzen bei aller Verschiedenheit[13]

Exemplarisch soll nur von muslimischer und christlicher Seelsorge in Deutschland als einer interkulturellen Gesamtkonstellation die Rede sein.

Dabei zeigt sich: Nicht nur die kulturellen und religiösen Differenzen spielen ein Rolle, weitere quer laufende Gesichtspunkte sind mit in das Bild einzubeziehen: Es sind hier die Stärken und Schwächen von »konservativer« wie »progressiver« Seelsorge und deren Umgang mit individualistischen oder kollektivistischen Mustern. Das verbindet sich mit diversen denkbaren Rollen der Seelsorgerinnen und Seelsorger und mit den Unterschieden zwischen Mehrheits- und Minderheitssituation.

Es sind genau die *interreligiösen und interkulturellen Konstellationen*, in denen zusätzlicher *Seelsorgebedarf* entsteht. Denn hier ist nicht mehr von vornherein klar, was religiös richtig ist. Mit der Moderne bilden sich säkulare Bereiche

---

[13] Vgl. ausführlicher dazu: Eberhard Hauschildt, Interkulturelle und religiöse Seelsorge als Normalfall – Funktion, Kompetenzen, Rollen, in: Martina Blasberg-Kuhnke/Bülent Ucar, Islamische Seelsorge zwischen Herkunft und Zukunft. Von der theologischen Grundlegung zur Praxis in Deutschland (Reihe für Osnabrücker Islamstudien 12), Frankfurt a.M. u.a. 2013, 171–190.

aus. Das gilt für die deutsche Geschichte, aber auch etwa für die türkische – mit jeweiligen besonderen Renaissancen der Religion.

Situationen der Pluralität schaffen typische Konflikte *bis in den privatesten Bereich* hinein: In den Familien und den Beziehungen, weil eben nicht mehr eindeutig ist, was »man« darf, oder nicht mehr von vornherein klar ist, wie Rollenverteilungen etwa zwischen Kindern und Eltern, Frauen und Männern auszusehen haben. Das gilt für den Streit in einer konservativen Familie mit türkischem Hintergrund darüber, was ein 16-jähiges Mädchen darf und nicht darf, ebenso wie für den Streit in der modernen Ehe zwischen zwei Ehepartnern mit deutschem Hintergrund darüber, welche Aufgaben in Haushalt und Kindererziehung vom Mann erwartet werden können.

Seelsorge kann dabei fraglich gewordene Lebensgewissheit in zwei entgegengesetzte Richtungen hin aufbauen. Da ist zum einen die *Funktion der Re-Sozialisierung* der Verunsicherten, durch ein Wieder-Zurückbringen in die Gemeinschaft derer, die zur Kultur und Religion gehören. Sie folgt damit einem Muster, das in nicht-westlichen Kulturen mit einem stärker kollektivistischen Selbstbild der Einzelnen im Groben und Ganzen stärker ist als im Westen. Zum anderen kann sie die Funktion erfüllen durch Erweiterungen der Religion und Kultur zu individueller *Variantenbildung.* Sie ist dann behilflich dabei, dass das Individuum seinen eigenen und neuen Weg findet, seine Sicht auf seine Kultur und Religion durcharbeitet und ihm auch dies als mögliche Variante der Kultur und Religion erlaubt wird. Sie folgt damit einem Muster, das in anderen Kulturen im Groben und Ganzen schwächer ist als im Westen. Man beachte aber: Beide Momente sind immer vorhanden. Und es können eben auch in den verschiedenen Lebensbereichen mal individualistische mal kollektivistische Muster sich stärker ausprägen und nebeneinander existieren.

Solche konservative auf der einen und progressive Weise der Seelsorge auf der anderen Seite scheinen auf den ersten Blick genau entgegengesetzt zu arbeiten. Die *konservative Seelsorge* bringt das aus der Gemeinschaft und Tradition weggelaufene Individuum, das sich in der Abkehr von ihr als Sünder verirrt hatte, durch dessen Buße und Umkehr wieder zurück. Die *progressive Seelsorge* begleitet und stützt das Individuum auf der Suche nach einem eigenen Lebensweg.

Eine formalisierte Fixierung durch Seelsorge der Religion setzt der Aushöhlung der Lebensgewissheit von innen her allerdings nicht genug entgegen. Das ist die Schwäche einer *konservativen Seelsorge aus der Mehrheitsposition*, sei sie nun christlich-volkskirchlich oder türkisch-staatsnah bzw. türkisch-nostalgisch ausgestaltet.

Wenn nun stattdessen eine konservative Seelsorge zumutet, viel radikaler als früher sämtliche Lebensbereiche der kleinen Gruppe der Rechtgläubigen innerhalb der Religion oder der Kultur zu unterwerfen, dann tritt – ganz postmodern – die Glaubensgruppe an die Stelle der Familie.

Kleinste Entfernungen und Abweichungen riskieren alles. Das ist die Schwäche einer *konservativen Seelsorge aus der Minderheitsposition,* sei sie nun die der religiösen Gruppen in Opposition zum türkischen Staat oder die evangelikalchristlicher Provenienz.

Ob die Autorität des Pfarrers bzw. des Imams wirkt oder die des Familienvaters oder die eines charismatischen Leiters einer religiösen Sondergruppe – die Effekte konservativer Seelsorge gleichen sich.

Schwächen gibt es auch bei der *»progressiven« Seelsorge.* Wenn sie begleitet und unterstützt bei der Individualisierung, dann hat das leicht den Effekt, dass das Individuum sein kulturelles und religiöses Profil abschwächt. Die pragmatische Bewältigung der Situation wird zum Ziel, das gute eigene Gefühl zum Maßstab. Die Seelsorge nähert sich der weltlichen Beratung an, sie wird selbst zum Faktor der Säkularisierung. Gerade *für eine kulturelle und religiöse Minderheit ist das nicht ungefährlich.* Solche Seelsorge fördert die Anpassung an die Mehrheitsgesellschaft, *macht sich letztlich als Seelsorge selbst überflüssig,* trägt dazu bei, die interkulturelle und interreligiöse Situation zu nivellieren. Von daher kann man verstehen, dass die Übernahme der Standards aus der psychologischen Beratung in der Seelsorgebewegung ab den 1970er Jahren zunächst bei den konservativen Christen in Deutschland Verunsicherung und Kritik hervorrief, und mir scheint, dass in einer muslimischen Seelsorge eine Anknüpfung an Erfahrungen und Theorien der christlichen Seelsorge und an therapeutische Standards ebenso Kritik von konservativen muslimischen Kreisen hervorrufen wird.

Ob die progressive Seelsorge durch einen nahen Freund/eine nahe Freundin oder durch eine professionelle und von der organisierten Religion vorgehaltene professionelle Beraterin/einen professionellen Dienstleister durchgeführt wird – die Effekte gleichen sich.

In beiden Fällen, der sich monokulturell gebenden konservativen wie progressiven Seelsorge, *wird das wieder herausbefördert, was Anlass des Seelsorgebedarfs war, die interkulturelle und interreligiöse Konstellation:* Im Fall der konservativen Seelsorge durch Verstärkung der Differenzen, wobei man sie in ein Gegenüber von drinnen und draußen verlagert bis hin zu einer absoluten Differenz; im Fall der progressiven Seelsorge durch eine Nivellieren der Differenzen, die die eigene Religion zum Verschwinden bringt und damit in eine konturenlose Mehrheitssituation überführt.

Bei interkultureller und interreligiöser Seelsorge hingegen bekommen es die Beteiligten schon durch das Faktum der interkulturellen/interreligiösen Konstellation vor Augen geführt, dass Pluralität da ist und Differenzen bestehen, die anzuerkennen sind, wenn der Seelsorgekontakt überhaupt weitergehen und hilfreich sein soll. Für die religiöse Großgruppe, z. B. den türkisch-staatlichen DI-TIB-Islam oder die christlichen Volkskirchen, gilt es hier zu lernen, die interne Pluralität nicht nur zu ertragen, sondern anzuerkennen: unterschiedliche Formen von Kirchlichkeit in der Volkskirche etwa oder das Sich-Herausbilden eines deutschen Islam unter dem Dach der DITIB. Die religiösen Protestgruppen, handele es sich um Vereine, die sich bewusst vom türkischen staatlichen Islam abgrenzen, oder um christliche evangelikale Gruppen, stehen vor der Herausforderung, sich weiterzuentwickeln in Richtung auf eine Gruppe mit (»nur«) relativer Vergemeinschaftung.[14] Das heißt, es wird gerade nicht das Ideal einer totalen sozialen Verankerung in der religiös profilierten Gruppe angestrebt, und man schottet sich gegenüber der religiösen milderen Mehrheit der jeweils eigenen Religion nicht ab.

So lässt sich zeigen: Ihre Funktion in der interreligiösen und interkulturellen Gesellschaft kann die Seelsorge erst dann adäquat ausüben, wenn sie selbst interkulturelle und interreligiöse Differenzen zulässt und anerkennt, für sich und für andere.

Das aber fordert die Seelsorge-Theorie heraus und es führt von sich aus zum Projekt einer Theologie interkultureller und interreligiöser Konstellationen. Seelsorge heute braucht die Perspektiven einer Theorie interkultureller Theologie. Das Konglomerat Religionswissenschaft/Missionswissenschaft/Interkulturelle Theologie wird gebraucht in der theologischen Wissenschaft überhaupt, in Forschung und Lehre.

Es lässt sich übrigens derzeit ein interessanter konvergierender Trend muslimischer und christlicher Seelsorge in Deutschland beobachten, und zwar bezüglich der Personengruppe, die Seelsorge verstärkt ausüben wird:

---

[14] Vgl. dazu Eike Kohler, Mit Absicht rhetorisch. Seelsorge in der Gemeinschaft der Kirche, Göttingen 2006, 64ff., der sich bezieht auf Udo Tietz, Die Grenzen des Wir. Eine Theorie der Gemeinschaft, Frankfurt a. M. 2002. Relative Vergemeinschaftung lässt den internen Diskurs zu ebenso wie dies, dass die, die zu der religiösen Gemeinschaft gehören, zugleich auch in weiteren anderen sozialen Gemeinschaften involviert sind.

Ehrenamtliche Seelsorger/innen werden in der Seelsorge beider Religionsgemeinschaften zu einem ganz wichtigen Baustein der Seelsorge in Deutschland werden – aus je unterschiedlichen Gründen. In den Kirchen gab es zwar viel mehr und fast nur pastorale Seelsorge, doch werden in der Zukunft die finanziellen Ressourcen fehlen, um den ganzen Bedarf über Professionelle abzudecken (in Gemeindeseelsorge wie Krankenhausseelsorge und Notfallseelsorge). In den muslimischen Kontexten ist die deutschsprachige Ausbildung für professionelle Imame auch für Seelsorge noch zu sehr in den Anfängen; man will aber nicht warten und fängt darum schon mal an mit Ehrenamtlichen, die sich dafür interessieren und vorgebildet sind.

Dass und wie Seelsorge durch Ehrenamtliche ausgeübt wird, wird die Seelsorge in Deutschland verändern – unter Muslimen wie unter Christen und auch zwischen ihnen.

(Professor Dr. Eberhard Hauschildt ist Professor für Praktische Theologie an der Universität Bonn)

ABSTRACT

»Communication and Care of Souls between religious and cultural worlds« is discussed in three respects. 1) It is shown how the terms for care of souls as well as the practices they refer to entail a history of a long intercultural development. 2) From a hermeneutical perspective there are good reasons to take misunderstanding as the beginning and motive for (intercultural) care of souls. 3) In regards to the examples of Muslim and the Christian care of souls in Germany it is shown what they share in basic options, and how they converge in a new interest in care of souls as the task of volunteers.

Christliche Mission unter islamischer Herrschaft: Johannes Lepsius

Die Wechselwirkungen zwischen Missionaren und dem Osmanischen Reich am Beispiel der Deutschen Orient Mission (DOM)

Leonie Charlotta Geiger

>»Darum geht hin und macht zu Jüngern alle Völker: Taufet sie auf den Namen des Vaters und des Sohnes und des Heiligen Geistes und lehret sie halten alles, was ich befohlen habe.«
>(Matt. 28, 19–20)

>»Der Gott Muhammeds ist der Herr, der über Sklaven herrscht. Der Gott Jesu ist der Vater, der seine Kinder liebt.«[1]
>(Johannes Lepsius, 1914)

In diesem Aufsatz sollen Religion und Mission im Osmanischen Reich des 19. und frühen 20. Jahrhunderts betrachtet werden. Dafür habe ich exemplarisch die Deutsche Orient Mission gewählt, da der Gründer dieser Mission und Pastor Johannes Lepsius (1858–1926) zu Lebzeiten viel analysiert und kommentiert hat, aber auch sein Werk gut dokumentiert ist. Nach einem kurzen Abriss über die Institutionalisierung von Religion über das Millet-System im Osmanischen Reich und dessen Rolle für den Zusammenhalt des Reiches soll die christliche Mission in dieses System eingebettet werden. Unter welchen Bedingungen konnte Mission stattfinden? Welche Motive hatten Missionsgemeinschaften? Dazu habe ich exemplarisch Johannes Lepsius und seine Deutsche Orient Mis-

---

[1] Johannes Lepsius, Rückblick und Ausblick, in: Der Christliche Orient (COJL), 15. Jg., 1914, 45.

sion (DOM) analysiert: Welche Sicht auf den Islam hatte er? Wie versuchte Lepsius, Menschen zu erreichen? Doch vor allem: Welche Auswirkungen hatte Mission auf das Millet-System und spielte es eine Rolle beim Zusammenbruch des Reiches? Dazu ist es sinnvoll, auch die offizielle osmanische Seite zu beleuchten. Welche Haltung hatten die Regierung des Reiches – die sogenannte Hohe Pforte – und der Sultan selbst zu den Missionarstätigkeiten und zum Christentum? Welche Machtmittel wurden genutzt, um Mission zu unterbinden und weshalb?

1. Religion im Osmanischen Reich

Das Osmanische Reich war im Zuge der Expansion weit über die Grenzen der heutigen Türkei hinweg zu einem Vielvölkerstaat geworden, in dem nicht nur verschiedene Sprachen gesprochen wurden, sondern natürlich auch Sitten, Traditionen und Religionszugehörigkeit unterschiedlich waren. Staatsreligion des Osmanischen Reiches war der sunnitische Islam, obwohl Mitte des 19. Jahrhunderts über die Hälfte aller Untertanen Nicht-Muslime waren.[2] Der Sultan des Reiches war seit der Eroberung von Kairo im Jahre 1517 der Kalif aller Muslime. Um das friedliche Zusammenleben der unterschiedlichen Glaubensgemeinschaften auch bürokratisch regeln zu können, galt das sogenannte Millet-System:

> »Fünfhundert Jahre funktionierte dieses System, indem es die verschiedenen Völker des Reiches so weit wie irgend möglich auseinanderhielt und damit mögliche Konfliktstoffe auf ein Minimum reduzierte. Das *millet*-System war also ein grundlegender Faktor der Stabilität.«[3]

Das Millet-System ist ein Prinzip der Selbstverwaltung nicht durch ethnische oder sprachliche Herkunft, sondern durch Religionszugehörigkeit. Das Wort *millet* ist die türkische Form des arabischen Begriffs *milla* (*Religion*), der in seiner aramäischen Herkunft ursprünglich »Wort« bedeutet.[4] Im Koran steht es abgeleitet für eine Gemeinschaft, die sich zu einem speziellen Wort oder Offenbarungsschrift

---

[2] Durch den großen territorialen Verlust nach dem Berliner Kongress im Jahr 1878 waren die muslimischen Untertanen wieder in der Überzahl; vgl. Kai Merten, Untereinander, nicht nebeneinander. Das Zusammenleben religiöser und kultureller Gruppen im Osmanischen Reich des 19. Jahrhunderts, Berlin 2014, 478.

[3] Stanford J. Shaw, Das Osmanische Reich und die moderne Türkei, in: Gustave Edmund von Grunebaum, (Hg.), Der Islam II. Die islamischen Reiche nach dem Fall von Konstantinopel, Frankfurt am Main 1971, 92.

[4] Vgl. Bernard Lewis, Die politische Sprache des Islam, Hamburg 2002, 70f.

bekannt, also ein Ausdruck für Religionsgemeinschaften, die gleichzeitig Schriftbesitzer waren.[5]

Der Ursprung dieses Systems geht zurück auf die Zeit der vier rechtgeleiteten Kalifen, die während der zahlreichen Eroberungen in der arabischen Welt Verträge mit den sogenannten »Leuten des Buchs«, also Anhängern derjenigen Religionen, die sich wie der Islam auf ein heiliges Buch berufen, schlossen. Das waren Christen, Juden und Zoroastrier, nicht aber Polytheisten oder Angehörige von Religionen ohne Schriften. Grundlage für diese Verträge war Sure 9,29: »Kämpft gegen diejenigen, die nicht an Gott und den jüngsten Tag glauben und nicht verbieten, was Gott und sein Gesandter verboten haben, und nicht der wahren Religion angehören – von denen, die die Schrift erhalten haben – (kämpft gegen sie), bis sie kleinlaut aus der Hand Tribut errichten.«[6]

Mit der Vertragsschließung standen »Leute des Buchs« unter militärischem Schutz vor äußeren und inneren Feinden. Im Gegenzug bezahlten die Schutzbefohlenen eine Kopfsteuer und mussten den jeweiligen Herrscher der Muslime anerkennen. Es gab allerdings eine Reihe von Einschränkungen: Schutzbefohlene durften u. a. nicht reiten, keine Waffe tragen, es galten bestimmte Erb- und Ehegesetze, die nach der muslimischen Norm bestimmt waren.[7] Sie durften nichts sagen oder tun, was den Islam, den Propheten Mohammad oder seine Gläubigen in irgendeiner Art und Weise beschämt, beleidigt oder herabgesetzt hätte. Zudem durften sie nicht ohne Genehmigung alte Gebetsstätten renovieren oder neue bauen, welche wiederum Moscheen nicht überragen durften.[8] Das Millet-System war Kollektivrecht, das individuelles Recht nicht vorsah.

Im Osmanischen Reich waren Millets religiöse Gemeinschaften, die innerhalb des bestehenden politischen Systems weitgehend Autonomie besaßen. Sie waren damit auch von der Gesetzgebung weitgehend befreit, sodass innerhalb der Millets die Regeln der jeweiligen Religion galten. Durch das Millet-System stellte Religion im Osmanischen Reich keine Privatangelegenheit dar.[9] Es war Identitätsmerkmal einer bestimmten Gruppe. Das Oberhaupt der Gemeinschaften war dafür zuständig, die öffentliche Ordnung zu bewahren und die Steuer

---

[5] Vgl. ebd.
[6] Übersetzung aus Der Koran. Übersetzt von Rudi Paret, Stuttgart 1962.
[7] So durften u. a. nicht-muslimische Männer keine muslimischen Frauen heiraten, und Nicht-Muslime durften Muslime nicht beerben (vgl. Merten, Untereinander, nicht nebeneinander, 10).
[8] Vgl. ebd.
[9] Vgl. Malte Fuhrmann, Der Traum vom deutschen Orient. Zwei deutsche Kolonien im Osmanischen Reich 1851–1918, Frankfurt am Main 2006, 112.

von den Schutzbefohlenen einzusammeln. Die Steuerlast für die Schutzbefohlenen – also alle Millets außer der muslimischen Millet – war enorm. Nicht nur, dass sie Kopfsteuer zahlen mussten: Auch für Gesundheitswesen, Geburten, Todesfälle, Hochzeiten, Schule u. v. m. wurden Steuern verlangt.[10] Die Bewohner der Millets standen nur über ihr Oberhaupt in Kontakt mit der Hohen Pforte. Doch nur Mitglieder der muslimischen Millets konnten in die herrschende Klasse aufsteigen und die obersten Regierungsfunktionen ausüben.[11] Karpat merkt an, dass dieses System offensichtlich alle außer den muslimischen Millets insbesondere wirtschaftlich einschränkte und schwächte, es im Gegenzug aber besonders eins schaffte: ein kulturelles und religiöses Leben zu gewährleisten.

> »In sum, the *millet* system emphasized the universality of the faith and superseded ethnic and linguistic differences without destroying them. The polities of the Ottoman government profoundly affected the social and economic life of the community but did not alter its cultural and religious life.«[12]

Es waren ursprünglich drei bis vier Millets offiziell anerkannt: Die muslimische Millet, die armenische Millet, die griechisch-orthodoxe Millet und die jüdische Millet.[13] Die unterschiedlichen Religionsgruppen lebten in Toleranz und Achtung. Kam es allerdings zu Übertritten Einzelner, wurde dies als Angriff auf die Existenz der Gruppe gesehen, und es konnte bis zu gewalttätiger Gegenwehr führen.[14] Doch die nicht-islamischen Untertanen des Osmanischen Reichs wurden trotz Beibehaltung ihrer eigenen Religion insofern »islamisiert«, als ihnen ein islamisches Gesellschaftssystem aufgezwungen wurde.[15]

Innerhalb der Millets gab es wiederum eine Unterteilung in die jeweiligen Sprachgruppen.

Barsoumian merkt über das Millet-System an:

> »As a method of administration for an empire with diverse races, languages, cultures, and religions in the *millet* system was an offensive scheme,

---

[10] Vgl. Merten, Untereinander, nicht nebeneinander, 11.
[11] Vgl. ebd. 382.
[12] Kemal H. Karpat, Millets and Nationality: The Roots of the Incongruity of Nation and State in the Post-Ottoman Era, in: Benjamin Braude/Bernard Lewis (Hg.), Christians and Jews in the Ottoman Empire. The Functioning of a Plural Society I: The Central Lands, New York/London 1982, 143.
[13] Über den Zeitpunkt der genauen Gründung des jüdischen Millet wird in der Forschung momentan heftig diskutiert. Für einen Überblick über die Debatte Haim Gerber, Crossing Borders: Jews and Muslims in Ottoman law, economy and society, Istanbul 2008, 46f.
[14] Vgl. Karpat, Millets and Nationality, 143.
[15] Vgl. Merten, Untereinander, nicht nebeneinander, 380.

which functioned well so long as the non-Muslims accepted their status of inferiority and subservience.«[16]

Obwohl die Nicht-Muslime im Osmanischen Reich bis zum Jahr 1878 mehr als die Hälfte der Untertanen ausmachten,[17] schuf das Millet-System eine gewollte Bevorzugung der muslimischen Millet. Ein Punkt, den es besonders unter der Mission im Osmanischen Reich näher zu analysieren gilt, da sie die christlichen Millets in ihrem Selbstbewusstsein und ihren Forderungen nach Gleichberechtigung stärkte.

2. Mission im Osmanischen Reich

Erst im Zuge der Schwächung und Modernisierung des Reiches im 19. Jahrhundert wurde es möglich, Mission zu führen. Vorher war den christlichen Missionaren der Zutritt zum Osmanischen Reich grundsätzlich nicht gewährt. Die Öffnung für Mission geschah unter anderem durch die Annäherung des Osmanischen Reichs an Europa und gleichzeitig durch den Druck, den die europäischen Großmächte auf das Reich ausübten. Häufig standen hinter dem Gedanken der Mission imperiale Absichten der Großmächte.[18] Doch auch als Mission im 19. Jahrhundert möglich wurde, stand sie unter ganz besonderen Bedingungen: Im Gegensatz zu den mittelalterlichen Kreuzzügen der Katholiken und später den Missionsreisen der Protestanten gab es im Osmanischen Reich keine Ungläubigen zum Glauben zu bringen, sondern es galt, Muslime oder Juden zu bekehren. Dies war nicht ungefährlich: Abtrünnigkeit (*ar-Riddah*), das Wechseln von einer muslimischen Millet zu einer anderen, stand im Osmanischen Reich unter der Todesstrafe.[19]

> »Allerdings waren die *millets* außerordentlich feindselig gegen solche Mitglieder, die sie verließen, um zu einer anderen Religion überzutreten, weswegen denn auch die Regierung solche Übertritte so weit wie mög-

---

[16] Hagop Barsoumian, The Eastern Question and the Tanzimat Era, in: Richard G. Hovannisian, The Armenian People from Ancient to Modern Times II: Foreign Dominion to Statehood: The Fifteenth Century to the Twentieth Century, New York 2004, 183.
[17] Durch den großen territorialen Verlust nach dem Berliner Kongress im Jahr 1878 waren die muslimischen Untertanen wieder in der Überzahl (vgl. Merten, Untereinander, nicht nebeneinander, 478).
[18] Für weitere Informationen lohnt sich Fuhrmann, Der Traum vom deutschen Orient.
[19] Vgl. ebd. 111f.

lich einschränkte, um den sozialen Frieden, der das Hauptziel des *millet-*
Systems war, zu bewahren.«[20]

Die Bedingungen, unter denen Missionare im Osmanischen Reich teils arbeite-
ten, waren also alles andere als einfach oder friedfertig. Aber auch ihr Wirken in
der Gesellschaft hinterließ Spuren, die später in dieser Arbeit näher betrachtet
werden sollen.

2.1 Johannes Lepsius und die Deutsche Orient-Mission (DOM)

Johannes Lepsius (1858–1926) wuchs als sechstes und jüngstes Kind des Ägyp-
tenforschers Carl Richard Lepsius in Berlin auf. Nach einem Studium der Philosophie trat er das Theologiestudium an. Nach dem zweiten theologischen Exa-
men wurde Lepsius 1884 als Hilfsprediger und Lehrer nach Jerusalem gerufen
und wirkte dort bis 1886.[21] Zusammen mit seiner Frau Margarethe Zeller, die er
in Jerusalem kennengelernt hatte, und ihrem Bruder, Pastor Friedrich Zeller, die
beide Arabisch sprachen, gründete er im Herbst 1895 die Deutsche Orient Mission. Ursprünglich war sie als Gebetsbund mit dem Ziel, für die Mission im
Orient einzustehen, also für die Missionierung von Muslimen gedacht. Im Zuge
der Massaker an den Armeniern von 1895 und 1896[22] lenkten sie ihre Arbeit in
die Richtung der Hilfe für Armenier und wollten zudem im Deutschen Kaiser-
reich über die Geschehnisse der Verfolgungswelle berichten.[23] So erschien ab
1897 die Monatsschrift *Der Christliche Orient* in Berlin.[24]

1896 trat Lepsius eine als geschäftlich getarnte Erkundungsreise durch die
Türkei an, um sich ein Bild über die Lage zu machen. Nach seiner Reise ging
Lepsius 1887 in Friesdorf im Südharz ins Pfarramt. Er gründete dort eine Tep-
pichmanufaktur, in der ungefähr 40 Frauen angestellt waren, um mit den Gewin-

---

[20] Shaw, Das Osmanische Reich und die moderne Türkei, 92.
[21] Vgl. Atanas Damianov, Die Arbeit der ›Deutschen Orient-Mission‹ unter den türkischen Muslimen in Bulgarien nach den Quellen im Dr. Johannes-Lepsius-Archiv, Halle (Saale) 2003, 23.
[22] Nach einem Botschafterbericht vom März 1896 wurden 88000 Armenier getötet, 586 Kirchen zerstört, 326 Kirchen in Moscheen umgewandelt, 2400 Dörfer geplündert und 646 Dörfer zwangsweise islami-siert. Zum Zeitpunkt dieser Berichterstattung war die Verfolgung noch im Gange (Andreas Baumann, Die Deutsche Orient-Mission: Ein missiologisches Denk-Mal, in: Evangelikale Missiologie (EM), 18. Jg., 2002, Sp. 123).
[23] Vgl. »Johannes Lepsius«, in: http://www.orientdienst.de/praxis/lebensberichte/johannes-lepsius/.
[24] Vgl. Johannes Lepsius, Rückblick und Ausblick!, in: Der Christliche Orient (COJL), 3. Jg., 1902, 28.

nen die DOM zu finanzieren.[25] Diese Manufaktur ließ Lepsius einige Jahre später in Friesdorf abbauen und in Urfa wieder aufbauen, um Arbeitsplätze zu schaffen. Bereits 1899 hatte die DOM sieben Hilfsstationen zu verzeichnen. Zu Beginn stand im Fokus der evangelischen Mission die Belebung der Ostkirchen. Aus ihrer Sicht waren sie geistlich verkümmert. Deswegen eröffneten sie neue Schulen und verteilten zunächst Bibeln und religiöse Schriften in den jeweiligen Muttersprachen.[26] Man baute aber auch Schulen, Waisenhäuser bzw. Internate, Krankenstationen und Werkstätten. Aber auch eine Schule, die Möbeltischler und später Autobauer ausbildete, wurde errichtet.[27] Für die Menschen war das Angebot, das die Missionare bieten konnten, durchaus verführerisch.[28] Zu diesem Zeitpunkt hatte Lepsius sein Pfarramt niedergelegt, um sich ganz der DOM zu widmen. Den größten Teil der Arbeit über die Jahre bis zur Auflösung der Mission 1924 stellte die Hilfe für die Armenier dar.

Im Jahre 1899 reiste er erneut in die Türkei und kam mit dem Eindruck zurück, dass es nun an der Zeit sei, das ursprüngliche Ziel wieder ins Auge zu fassen:

>»An der Wende eines Jahrhunderts steht unsere Generation vor der Aufgabe, dem Feinde den Besitz auch des letzten Erdteils streitig zu machen ... Die Orientmission ist eine der großen Aufgaben eines neuen Missionsjahrhunderts ... Wo sind die Männer, die entschlossen sind, von ihren Knien nicht aufzustehen, bis ihr Gebet erhört ist. Gott schenke uns das Morgenland!«[29]

Unterstützt wurde dieser Teil der Mission von Johannes Awetaranian[30] und zwei weiteren ehemaligen Mullahs in Bulgarien. Awetaranian kannte durch seine islamischen Wurzeln den Islam von innen und war somit ein wertvoller Mitarbeiter bei der Mission der Muslime. Allerdings gab es mehr einzelne anstatt der erwarteten Massenkonversionen.[31]

---

[25] Vgl. Hans-Lukas Kieser, Der verpasste Friede: Mission, Ethnie und Staat in den Ostprovinzen der Türkei 1839–1938, Zürich 2000, 163.
[26] Merten, Untereinander, nicht nebeneinander, 374.
[27] Vgl.»Johannes Lepsius«, in: http://www.orientdienst.de/praxis/lebensberichte/johannes-lepsius/.
[28] Merten, Untereinander, nicht nebeneinander, 374.
[29] Baumann, Die Deutsche Orient-Mission, Sp.125.
[30] Johannes Awetaranian wurde am 30.6.1861 unter dem Namen Mehmed Şürki in einem Dorf in Anatolien geboren. Der Sohn eines Derwischs kam 1879 das erste Mal in Kontak mit dem Neuen Testament auf Türkisch. Als Dorflehrer lehrte er ab 1880 mit Hilfe armenischer Protestanten und amerikanischer Missionare das Christentum und lernte in Berlin 1900 Johannes Lepsius kennen, mit dem ihn eine lebenslange Freundschaft verband. Vgl. Gabriel Goltz, Eine christlich-islamische Kontroverse um Religion, Nation und Zivilisation. Die osmanisch-türkische Periodika der Deutschen Orient-Mission und die Zeitung Balkan in Plovdiv, Berlin 2002, 9f.

1917 kam es zum Bruch von Lepsius mit seiner eigenen Mission, die mittlerweile stark gewachsen war:

> »Eine Orientmission, die an dem Sterben eines Christenvolkes, unter dem sie 20 Jahre gearbeitet hat, schweigend vorübergehen will und angesichts des Hungerleidens von Hunderttausend unschuldiger Frauen und Kinder irgend etwas anderes als deren Rettung sich zur Hauptaufgabe macht, ist nicht mehr die Mission, die ich gegründet habe.«[32]

Hintergrund war das Verhalten der DOM während des Genozides an den Armeniern 1915/1916. Durch die guten außenpolitischen Beziehungen des Deutschen Kaiserreichs mit dem Osmanischen Reich – sie waren Bündnispartner im Ersten Weltkrieg – waren kritische deutsche Äußerungen gegenüber der Türkei nicht erwünscht.[33] Ein Bericht Lepsius' über den Genozid, der zwar vom Innenministerium beschlagnahmt wurde, es jedoch nicht mehr verhindern konnte, dass 20.000 Exemplare bereits verschickt worden waren, löste innerhalb der DOM große Spannungen aus. Die Mehrheit der Mitglieder der DOM war der Meinung, Stillschweigen sei angebracht.[34] Lepsius gründete daraufhin 1917 die *Dr. Lepsius Deutsche Orientmission*, die aber ebenfalls wie die alte DOM Schwierigkeiten hatte, zu Kriegszeiten, aber auch danach, die Mission zu erhalten. Die wirtschaftliche Lage Deutschlands nach dem Ersten Weltkrieg ließ keine finanzielle Unterstützung zu, sodass die DOM 1924 ihre Arbeit einstellen musste. Auch die *Dr. Lepsius Deutsche Orientmission*, die die ursprünglichen Schwerpunkte wieder aufnahm, hatte starke Schwierigkeiten sich zu etablieren. Lepsius selber verstarb 1926, sein Erbe wurde bis in die 1960er Jahre weitergeführt, erlebte allerdings keinen neuen Aufschwung mehr.

2.2 Johannes Lepsius' Sicht auf den Islam

Johannes Lepsius' negative Sicht auf den Islam entspricht dem Trend seiner Zeit und seinen Tätigkeiten.[35] So ist für ihn allein schon die Ausbreitung der mohammedanischen Religion insbesondere in einst christlichen Regionen unerklärlich:

---

[31] Vgl. Damianov, Die Arbeit der ›Deutschen Orient-Mission‹, 183.
[32] Richard Schäfer, Geschichte der Deutschen Orient-Mission, Potsdam 1932, 99.
[33] Vgl. Baumann, Die Deutsche Orient-Mission, Sp.127.
[34] Vgl. ebd.
[35] Vgl. Kieser, Der verpasste Friede, 164.

»Es ist ein Rätsel der Geschichte der Kirche, wie es dahin kommen konnte, dass der ganze Osten der Macht des falschen Propheten anheimfiel. Wenn man sagt, dass die alten christlichen Kirchen nur noch Gefässe waren, die, vom Geiste Gottes entleert, wert waren, zerbrochen zu werden, so ist dies eine arge Übertreibung. Gewiss, sie waren zum Teil entartet, aber doch verkündeten diese Kirchen noch den Namen Christi, sie hatten das Wort Christi, und der Geist Christi hat sie niemals völlig verlassen.«[36]

Der Islam ist für Johannes Lepsius nicht nur eine »gewaltige, aus dem Schoße des Christentums und Judentums hervorgegangene Häresie«,[37] sondern vor allem antichristlich: »Die Religion Mohammeds wurde im Gegensatz gegen das Christentum begründet und im Kampf mit demselben ausgebreitet; ihr Glaubensbekenntnis ist ein Protest gegen die Grundlehre des Christentums.«[38] Schließlich habe der Islam dem Christentum das wahre Verständnis von Jesus Christus abgesprochen, als Mohammed »den Propheten Jesus für sich und seine Religion in Anspruch nahm«.[39] Daher könne man den Islam auch als eine »judenchristliche Sekte« einordnen: »Es läuft auf einen Wortstreit hinaus, ob wir den Islam eine judenchristliche Sekte oder eine neue Religion nennen.«[40]

Der Gründer der DOM verfasst weiterhin scharfe Worte an die Person Mohammed und die Religionsgeschichte des Islams. Mohammed habe zugestimmt, als das Volk ihn zum König ernannte. Doch Jesus habe dieser »messianischen Versuchung« widerstanden. Hätte er das nicht,

> »… so wäre diese Stunde ein Verhängnis für die Welt geworden. Der Islam, nicht das Evangelium wäre zu dieser Zeit geboren worden. Eine Verneigung seines Hauptes vor dem Plebiscit der Menge hätte heut tausende zum Kampf gerufen, hätte morgen Millionen in den Heiligen Krieg gestürzt. Land um Land, Reich um Reich wäre zur blutigen Arena grässlicher Menschenschlächtereien geworden, zum Ruhm des Helden und Propheten, zum Stolz der Heerführer und Grossen seines Reiches, für die die Todesschmerzen der Geopferten, die Tränen der Verwaisten, Armut und Hungersterben der verwüsteten Provinzen nichts anderes als eine Folie ihrer Eitelkeit gewesen wäre. Simon wäre ein Abubekr Jesu, Johannes sein Ali geworden und Judas hätte die Lorbeeren eines Omar um sein Haupt geflochten«.[41]

[36] Johannes Lepsius, Das Leben Jesu – Erster Band, Potsdam 1917, 7.
[37] Johannes Lepsius, Die europäische Türkei, in: Der Christliche Orient (COJL), 13. Jg., 1912, 186f.
[38] Johannes Lepsius, Der Orient und die Aufgabe der deutschen Christenheit, in: Das Reich Christi (RCJL), 2. Jg., 1899, 2.
[39] Johannes Lepsius, Die Popularreligion der modernen Theologie [I+II], in: Das Reich Christi (RCJL), 8. Jg., 1905, 202.
[40] Ebd.

Doch auch zwischen dem Gott des Islams und dem Gott des Christentums weiß Lepsius den Unterschied auszumachen: »Der Gott Muhammeds ist der Herr, der über Sklaven herrscht. Der Gott Jesu ist der Vater, der seine Kinder liebt.«[42] Mohammed, mit ihm aber auch einigen Christen seiner Zeit, sei eine der wichtigsten Eigenschaften Gottes unbekannt: seine Gerechtigkeit.[43] Der enge Freund und Begleiter Lepsius', Johannes Awetaranian,[44] nimmt ebenfalls das Wort »Sklaverei« in den Mund:

> »Das ist die Knechtschaft der Söhne Hagars. Sie sind mit Ketten gebunden; ihre Werke geschehen unter dem eisernen Druck des Gesetzes, das ihnen nicht Raum läßt, aus freiem Willen, als Frucht der Liebe zu Gott ihre Pflicht zu erfüllen. Der Islam ist die Religion der Sklaverei. Ein Sklave dient aus Furcht vor Strafe oder aus Verlangen nach einer seinen niedrigen Begierden entsprechenden guten Behandlung. Ihm fehlen die Begriffe für die Möglichkeit einer Liebesgemeinschaft ähnlich dem Verhältnis des Sohnes zum Vater.«[45]

Die Aufgabe, der sich Johannes Lepsius nun gestellt sieht, ist die Rettung des Christentums im Nahen Osten:

> »Das, was wir wollen, ist: Mit Hilfe des Herrn die vom Islam bedrängten, alten christlichen Kirchen bewahren zu helfen und durch Erweckung derselben dem Herrn den Weg zu bereiten, in das Herz der mohammedanischen Welt, um den endlichen Sieg des Kreuzes über den Halbmond herbeizuführen.«[46]

Doch darüber hinaus sah er sich in einer besonderen Verpflichtung den Muslimen gegenüber. Denn Kaiser Wilhelm II. hatte im Zuge seiner Orientreise 1898 zum Sultan und den Muslimen erklärt, dass er ihnen zu allen Zeiten Freund sei.[47]

> »Da der deutsche Kaiser der Beherrscher eines christlichen Volkes ist, hat er mit diesen Worten all denen in seinem Volk, die in Wahrheit Christen

[41] Lepsius, Das Leben Jesu, 321.
[42] Lepsius, Rückblick und Ausblick!, 45.
[43] Vgl. Johannes Lepsius, Die entscheidende Frage der Theologie. Antwort an D. Cremer [I–IV], in: Das Reich Christi (RCJL), 3. Jg., 1900, 103.
[44] Für eine Übersicht über Awetaranians Sicht auf den Islam und das Christentum empfiehlt sich Gabriel Goltz, Eine christlich-islamische Kontroverse um Religion, Nation und Zivilisation. Die osmanisch-türkische Periodika der Deutschen Orient-Mission und die Zeitung Balkan in Plovdiv, Berlin 2002.
[45] Johannes Awetaranian, Ramadan, in: Das Reich Christi (RCJL), 9. Jg., 1906, 120.
[46] Johannes Lepsius, Der erste Aufruf der Deutschen Orient-Mission: Ostern 1896, in: Ex Oriente Lux: Jahrbuch der Deutschen Orient-Mission, Potsdam 1903, 5.
[47] Vgl. Jan Stefan Richter, Die Orientreise Kaiser Wilhelms II. 1898. Eine Studie zur deutschen Außenpolitik an der Wende zum 20. Jahrhundert, Hamburg 1997, 6.

sein und den Befehlen Christi gehorchen wollen, eine Verantwortung auferlegt, die nur dadurch gelöst werden kann, daß der deutschen Christenheit die Bekehrung der mohammedanischen Welt zu einem ernsten Gewissensanliegen und zu einer Sache unablässiger Fürbitte wird. Denn nur dies kann der wahrhafte Beweis der Freundesgesinnung der Christen gegenüber den Mohammedanern des Erdkreises sein, wenn dieselben alles daran setzen, um auch der mohammedanischen Welt das Heil, das uns ewiges Leben giebt, zu verkündigen ...«.[48]

Wie bereits erwähnt, entsprechen diese Sichtweisen auf den Islam dem Puls der Zeit des europäischen 19. Jahrhunderts.[49] Dies beinhaltet nicht nur die Hervorhebung des Christentums als einzig wahre Religion, sondern auch die Bezeichnung »Häresie« für den Islam, die Hervorhebung der Rückständigkeit im Sinne von »Sklaven Gottes« sowie die Angst vor dem Fremden, das das Christentum bedrohe. Die Betonung der Einheit aller Muslime unter dem Kalifat – der Panislamismus – als Reaktion auf das expansive Vorgehen der europäischen Großmächte im 19. Jahrhundert – durch den Sultan des Osmanischen Reiches schürte nicht nur die Furcht, sondern auch die Verachtung vor dem Islam und dem Orient[50] als ein rückständiger und barbarischer Ort, dem es zu helfen galt. Für das Osmanische Reich und das bis dato stabile Millet-System war die Überheblichkeit im Denken in Bezug auf Religion, Nation und Zivilisation der Missionare Gift und brachte das ganze System ins Wanken.

2.3 Die Sicht des Sultans auf Mission

Das Herrschaftshaus des Osmanischen Reichs – die Hohe Pforte – hatte ein großes Interesse daran, den Islam weiter als Staatsreligion zu erhalten. Schließlich beruhte die Legitimation des Herrschers auf seiner Doppelfunktion als Sultan

---

[48] Lepsius, Der Orient und die Aufgabe der deutschen Christenheit, 3.
[49] Vgl. Kieser, Der verpasste Friede, 164.
[50] In diesem Zusammenhang ist ein Hinweis auf den Begriff »Orientalismus« sinnvoll. Er wurde von Edward Said 1978 in seinem gleichnamigen Buch geprägt. Darin untersucht er die Prozesse, durch die europäische Diskurse über den »Orient« diesen erst entstehen lassen. Das von Generationen von Intellektuellen, Künstlern und Politikern produzierte »orientalistische Wissen« bildet dabei ab dem späten 18. Jahrhundert die Grundlage der hegemonialen Herrschaft des Westens und dient dabei zugleich als Legitimation und als Kontrollinstrument kolonialistischer Machtausübung. (Edward Said, Orientalism, New York 1978)

und Kalif.[51] Nach Merten wurde im Osmanischen Reich im Rahmen des Möglichen alles getan, um die Untertanen die muslimische Grundüberzeugung der Überlegenheit des Islams spüren zu lassen.[52] So gab es 1840 im Osmanischen Reich einen Mann aus Malta, das damals zum britischen Kolonialreich gehörte, der vom Christentum zum Islam konvertierte, diesen Schritt allerdings kurze Zeit später bereute und rückgängig machen wollte. Der Sultan wies allerdings das britische Königreich zurück: Mit dem Übertritt zum Islam sei der Mann Muslim, also sein Untertan geworden, und die Konvertierung sei aus islamischer Sicht nicht möglich.[53] Kieser schreibt dazu, dass Sultan Abdülhamid II. (1876–1909) zwar am Ende den Kampf gegen den Protestantismus verloren hätte,[54] man aber nicht leugnen darf, dass er die Missionare in den »Ostprovinzen zwei Jahrzehnte lang erfolgreich behindert und ihre weitere Ausbreitung in den Ostprovinzen erfolgreich gestoppt hatte«.[55]

Hinter den meisten Missionsgemeinschaften standen europäische Großmächte, finanzierten, aber schützten sie insbesondere. Die Missionare scheuten selten den Weg zum jeweiligen Botschafter, um dort um Hilfe zu bitten.[56] Je einflussreicher die Großmacht, die hinter einer Millet stand, desto zuvorkommender die Behandlung vom Sultan, bis hin zu einer sichtbaren Verbesserung der politischen, wirtschaftlichen und sozialen Lage.[57] Jedoch war das Verhältnis des Sultans zu den Missionaren keineswegs gut. Sultan Abdülhamid II. beispielsweise hatte tiefes Misstrauen vor allem gegenüber dem Protestantismus, da er für ihn einen bedrohlichen fremden Zugriff auf symbolischer und religiöser Ebene darstellte.[58] Häufig wurden sie für Spione der Großmächte gehalten.[59] Selim Deringil schreibt in *The Well-Protected Domains* im Kontext der Symbolik der Sprache in der Hamidischen Ära, dass Missionare als »simple people who cannot tell good from ill and are having their beliefs poisoned« propagiert wurden.[60]

---

[51] Vgl. Selim Deringil, The well protected Domains: Ideology and the Legitimation of Power in the Ottoman Empire 1876–1909, New York 1998, 93–111.
[52] Vgl. Merten, Untereinander, nicht nebeneinander, 444.
[53] Vgl. ebd. 438.
[54] Unter den Jungtürken gab es eine enge Zusammenarbeit mit den Missionaren (vgl. Kieser, Der verpasste Friede, 183).
[55] Ebd.
[56] Vgl. Merten, Untereinander, nicht nebeneinander, 374–375.
[57] Vgl. Bat Ye'or, Der Niedergang des orientalischen Christentums unter dem Islam 7.–20. Jahrhundert, Gräfelfing 2000, 181.
[58] Vgl. Kieser, Der verpasste Friede, 163.
[59] Vgl. ebd. 164.
[60] Vgl. Deringil, The Well-Protected Domains, 40.

Nach dem russisch-osmanischen Krieg (1877–1878) fanden Friedensverhandlungen auf dem Berliner Kongress (13. 6.–13. 7. 1878) statt. Nicht nur ein armenischer Erzbischof Mugrdich Khrimianals wurde als einer der Sprecher der Armenier angehört, sondern auch in Anatolien stationierte Missionare nahmen am Berliner Kongress teil.[61]

Am Ende hatte man sich auf folgenden Text des Artikels 61 geeinigt:

>»Die Hohe Pforte verpflichtet sich, ohne weiteren Zeitverlust die Verbesserungen und Reformen ins Leben zu rufen, welche die örtlichen Bedürfnisse in den von Armeniern bewohnten Provinzen erfordern, und für die Sicherheit derselben gegen die Tscherkessen und Kurden einzustehen. Sie wird in bestimmten Zeiträumen von den zu diesem Zwecke getroffenen Maßregeln den Mächten, welche die Ausführung derselben überwachen werden, Kenntnis geben.«[62]

Doch wenn Missionare und Diplomaten auf Menschen- und Minderheitsrechte pochten, auch in Bezug auf Artikel 61, interpretierte der Sultan es als Teil einer ihm feindlichen Strategie.[63] Denn nach der Niederlage im russisch-osmanischen Krieg (1877–1878) hatte das Osmanische Reich große territoriale Verluste hinzunehmen. Anatolien stellte nunmehr das vitale Zentrum des Reiches dar, und ein aufkeimender Nationalismus der Armenier – später Hauptwirkungsort nicht nur der DOM – beängstigte die Hohe Pforte:

>»By taking away Rumelia and Greece, Europe has cut off the feet of the Turkish State body. The loss of Bulgaria, Serbia and Egypt has deprived us of our hands, and now by means of this Armenian agitation they want to get at our most vital parts and tear our entrails – this would be the beginning of total assimilation, and this we must fight against with all the strength we possess.«[64]

Missionare wurden Abdülhamid II. zunehmend ein Dorn im Auge, denn die durch das Abkommen gesteigerten Erwartungen stärkten das Selbstbewusstsein und Aufbegehren der Armenier. So waren für den Sultan die Missionare an den armenisch-revolutionären Bewegungen mitschuldig, die so unterdrückt wurden,

---

[61] Vgl. Kieser, Der verpasste Friede, 117.
[62] Mehmet Cebeci, Die deutsch-türkischen Beziehungen in der Epoche Abdülhamids II. (1876–1908), Marburg 2010, 243–244.
[63] Vgl. Kieser, Der verpasste Friede, 118.
[64] Selim Deringil, Conversion and Apostasy in the Late Ottoman Empire, New York 2012, 199.

dass es in Massakern 1894–1896 und dem Völkermord an den Armeniern zwischen 1915 und 1916 endete.[65]

2.4 Ein System im Umbruch: Die Auswirkungen der Mission

Dem Sultan war sowohl die Schwäche seines Reiches, aber auch die Stärke der Missionare bewusst, sodass er versuchte, ihr Wirken zu beschränken. Jedoch war seine Macht im späten 19. Jahrhundert und zu Beginn des 20. Jahrhunderts bereits so gebrochen, dass er an seine Grenzen gelangte: Die Missionare agierten häufig ohne Autorisierung im Osmanischen Reich.[66] Wenn es zu Schwierigkeiten kam, konnten sie immer mit der Hilfe ihrer Diplomaten vor Ort rechnen.[67] So ist in den Notizen des Krankenpflegers Jakob Künzler, der 1899 für die Deutsche Orient Mission nach Urfa reiste, geschrieben:

»Als die ersten Helfer nach den Armeniermetzeleien von 1895 nach der Türkei zogen, da mussten diese Helfer, soweit sie deutsch waren, in der kaiserlichen Botschaft zu Konstantinopel noch einen Revers unterschreiben, nämlich, dass sie völlig auf eigene Gefahr zu den Armeniern gehen würden. Aber schon nach wenigen Jahren war auch die deutsche Regierung sehr froh, dass überall im türkischen Reiche durch diese Missionare Zellen entstanden waren, darin auch das Reich etwas zu sagen hatte. ... Das hiess aber nichts anderes als: ›In welchem Hause immer so ein Missionar arbeitet oder wohnt, hat die Türkei nichts mehr zu sagen, da regiert das Reich, dem der Missionar angehört‹.«[68]

Im 19. Jahrhundert entwickelte sich in der westlichen Welt eine Idee von Staaten, die von Nationen, gemeinsamer Sprache, Kultur, Herkunft, aber auch Säkularität und Religionsfreiheit ausging. Das muslimische Verständnis von der Einheit aller Muslime und mit Nicht-Muslimen als autonome Schutzbefohlene stand dem konträr gegenüber. Den Begriff der Nation und einer Nationalität gibt es im traditionellen Islam nicht, da Muslim sein gleichzeitig eine Nationalität verkör-

---

[65] Vgl. Kieser, Der verpasste Friede, 163.
[66] Vgl. Carter Vaughn Findley, Turkey, Islam, Nationalism, and Modernity. A history, 1789–2007, New Haven 2010, 141.
[67] Diese, als Informationsquellen der europäischen Mächte, riefen oft Missionare zu sich, um einen Überblick zu erhalten.
[68] Jakob Künzler, Im Lande des Blutes und der Tränen: Erlebnisse in Mesopotamien während des Weltkrieges (1914–1918), Zürich 1999, 123f.

pert.[69] Die Stabilität der Millets begann zu wanken, indem Missionare westliche Ideen verbreiteten und das Selbstbewusstsein stärkten:

>>Um es mit der Terminologie von Michael Pye zu sagen, ist es im Osmanischen Reich letztlich nicht zu einer Synthese der Interpretationssysteme gekommen, sondern die Ambiguität führte zu einer gegenseitigen Abgrenzung, weil sich ein Wandel des Bedeutungsgehaltes, der auf die Synthese mit dem christlich geprägten Interpretationssystem unweigerlich erfolgt wäre, für den Islam dieser Zeit als nicht möglich erwies.<<[70]

Wichtig ist, dass diese Aussage keinesfalls auf eine Trägheit oder einen Reformunwillen der Hohen Pforte hinweisen will, sondern sie soll vollkommen wertfrei auf die Bedeutsamkeit von Tradition im Islam hinweisen, die bestimmte Entwicklungen unmöglich gemacht hat, sofern es keine Bereitschaft gab, die eigene Identität aufzugeben. Im Osmanischen Reich hat man hingegen zahlreiche Reformen umgesetzt, solange sie im Rahmen der religiösen Identität waren und die Grundmauern nicht zu sehr erschütterten.[71]

Es ist aber in der Fachliteratur unumstritten, dass die missionarische Arbeit im Osmanischen Reich in ihrer Intention *radikal* identitätsverändernd war.[72] Obwohl es christliche Millets gab, waren sie durch ihr politisches und gesellschaftliches Umfeld islamisch sozialisiert. Es kristallisierte sich allerdings in Johannes Lepsius' Sicht auf den Islam schon heraus, dass diese Sozialisierung keinesfalls einen akzeptablen Zustand darstellte; der Islam war meist keine Religion, der man freundlich gegenüberstand. Schließlich sei er eine >>gewaltige, aus dem Schoße des Christentums und Judentums hervorgegangene Häresie<<,[73] vor der es alle Christen zu schützen gelte. So stellten sich für Missionare das osmanische Umfeld, wie sie es vorfanden, und dessen Interpretationssysteme als Rückständigkeit dar. Diese >>Errungenschaften<< des Westens während der letzten Jahrhunderte sollten in den >>Orient<< gebracht werden. Diese führten vom Untertan zum Staatsbürger, von Kollektivrechten einer religiös oder kulturell bestimmten Gruppe zu Grundrechten des Individuums und von einer Staatskirche zur säkularen Trennung von Kirche und Staat. Beides fand allerdings im Wert- und Nor-

[69] Vgl. Justin McCarthy, Death and Exile. The Ethnic Cleansing of Ottoman Muslims 1821–1922, Princeton 2004, 7.
[70] Merten, Untereinander, nicht nebeneinander, 484.
[71] Vgl. ebd. 484.
[72] Vgl. Kieser, Der verpasste Friede, 165.
[73] Lepsius, Die europäische Türkei, 186f.

mensystem des Osmanischen Reichs keinen Widerhall.[74] Innerhalb der Millets jedoch, in denen Missionare wirkten, wurde so das soziale System angegriffen, dem westlichen Weltbild angepasst oder teilweise komplett zerstört. Dies führte zu einer Ambiguität eben dieser Abgrenzung einzelner Millets, die ein weiteres Zeichen dafür waren, dass sich das Osmanische Reich innen- aber auch außenpolitisch nicht mehr behaupten konnte und spätestens ab der Übernahme der Macht durch die Jungtürken 1908 dem Untergang gewidmet war.

Es ist noch wichtig, den Wert des diakonischen Wirkens der Missionare hervorzuheben. In *Artillery of Heaven* (2008) ist auch Makdisi dieser Meinung: Es sei bedeutend, sich die vergessene Humanität im Herzen der Missionare wieder in Erinnerung zu rufen.[75] Sie haben Heim und Ausbildung ermöglicht und durch humanitäre Hilfe den Lebensstandard vieler Menschen erhöht. Die Missionare wirkten in den Dörfern und Kleinstädten oft bevor es der Sultan effektiv schaffte.[76] Bis heute verdankt beispielsweise der Libanon die *Amerikanische Universität* in Beirut und die Republik Türkei die *Bosporus Universität* in Istanbul den US-amerikanischen Missionaren.[77]

3. Ausblick und offene Fragen

Es bleiben viele offene Fragen, betrachtet man die Rolle der Missionare und ihre Arbeitsweise im Osmanischen Reich. In der Fachliteratur gehen die Urteile über Missionare von Schuldzuweisungen im Kontext des Völkermordes an Armeniern und des Zusammenbruchs des Reiches[78] bis hin zur Betonung der Wichtigkeit ihrer humanitären Arbeit.[79] Ebenfalls wird nicht ganz klar, welche wirkliche Macht der jeweilige Sultan über das jeweilige Wirken der Missionare hatte. Das Bild schwankt zwischen der totalen Freiheit der Missionare und einem nicht zu

---

[74] Vgl. Merten, Untereinander, nicht nebeneinander, 484–485.
[75] Vgl. Ussama Makdisi, Artillery of Heaven. American Missionaries and the failed conversion of the middle east, Ithaca 2008, 8.
[76] Vgl. Ayşe Ozil, Orthodox Christians in the Late Ottoman Empire. A study of communal relations in Anatolia, New York 2013, 43.
[77] Vgl. ebd. 9.
[78] Merten (2014) kommt in seiner Analyse des kulturellen und religiösen Miteinanders im Osmanischen Reich zu dem Schluss, dass die Bildung neuer Millets, die aufgrund des Wirkens von Missionaren entstanden sind, den inneren Frieden im Reich zerstörten und es somit weiter schwächten, bis das Fass schließlich überlief.
[79] Vgl. Makdisi, Artillery of Heaven, 8.

unterschätzenden mahnenden Zeigefinger der Hohen Pforte. Doch im Grunde ist dies genau das Bild, das das Osmanische Reich widerspiegelt: ein Vielvölkerstaat, voller Widersprüche und Möglichkeiten, in dem es in den Peripherien völlig anders aussah als in der Hauptstadt Istanbul. Und so befand sich auch der Sultan in einer misslichen Lage: Auf der einen Seite war es ihm ein hohes Anliegen, seine Macht, die ihm als Sultan und Kalif zustand, zu erhalten und das Christentum an einer Festigung in seinem Reich zu hindern. Doch auf der anderen Seite war er gebunden an die europäischen Großmächte, die bloß aus Angst vor einer möglichen Machtverschiebung das Osmanische Reich nicht unter sich aufteilten und die sich den Schutz der christlichen Minderheiten im »Orient« auf die Fahne geschrieben hatten.

Es wäre im Zusammenhang der Thematik dieser kurzen Studie sicherlich noch spannend, sich das Zusammenspiel von Religion und sozialer Identität näher anzuschauen. Dazu würde sich beispielsweise die Theorie der sozialen Identität (SIT) von Henri Tajfel und John Turner 1979 und 1986 eignen. Diese beschreibt intergruppale Prozesse, um Konflikte und deren Lösung zwischen unterschiedlichen Gruppen zu erklären.[80] Die Ausgangsfragen ihrer Forschung waren: Warum grenzen Individuen ihre Bezugsgruppe gegen andere Gruppen ab? Und warum werten Individuen Fremdgruppen ab? Anhand dessen könnte man die Wechselwirkungen zwischen Millets untereinander und Millets und Missionaren von der sozialpsychologischen Seite näher analysieren. Jedoch würde dies den Rahmen dieses Aufsatzes sprengen.

(Leonie Charlotta Geiger ist Studentin der Religionswissenschaft und Turkologie an der Universität Hamburg)

[80] Vgl. Henri Tajfel/John Turner, The social identity theory of intergroup behavior, in: S. Worchel/W. Austin (Hg.), Psychology of intergroup relations, Chicago 1986, 7–24.

ABSTRACT

This article discusses Christian mission under Islamic regime during the late 19th century. More precisely, it analyses the interdependency between the *Deutsche Orient Mission (DOM)* with German missionary Johannes Lepsius as their leader and the Ottoman government, called *Sublime Port*. After a short introduction into Ottoman religious life regulated by the *millet* system this article describes the work of missionaries in Christian millets. This resulted in a radical identity change for local people. At the same time the sultan struggled, on the one hand, with a strong dependence on the Great European powers and, on the other hand, with the wish to unite his empire under Islam. The author concludes that after the entry of Christian missionaries the stability of the millet system staggered as the missionaries spread Western ideas and strengthened self-confidence of minority groups.

Der Missionar und Gelehrte Karl Gützlaff im Kontext der Geschichte Ostasiens

Ulrich Dehn

Als wichtiger Akteur der Missionsarbeit in Ostasien ist Karl Gützlaff in den letzten Jahrzehnten stärker in den Fokus der missionsgeschichtlichen Forschung gerückt. In mehreren Hinsichten bemerkenswert, gehörte er für den überwiegenden Teil seiner Aktivitäten zu der Kategorie der Einzelmissionare, auch Einmannmissionare genannt, die nicht von einer Missionsgesellschaft oder kirchlichen Organisation entsendet wurden bzw. sich nach einer ursprünglichen Entsendung von dieser trennten.[1] Er wurde bekannt und berüchtigt für seine Bereitschaft, zum Ziele der Verbreitung des Evangeliums in China auch ungewöhnliche Wege wie den Opiumhandel zu beschreiten und seine Rolle im ersten Opiumkrieg im Dienste der Briten zu nutzen.

Gützlaffs Leben und Missionsaktivitäten ereignen sich in einer Zeit, die in Deutschland durch die Romantik und das Erstarken der pietistischen Erweckung und der pietistisch inspirierten Missionen geprägt und in Ost- und Südostasien durch erhebliche politische bzw. kolonialgeschichtliche Umbrüche charakterisiert war. Ich werde nach einem kurzen Blick auf den ersten Teil des Lebens Gützlaffs die Geschichte Südost- und Ostasiens, insbesondere Indonesiens und Chinas genauer betrachten, um deutlich zu machen, unter welchen Bedingungen Gützlaff dort tätig war. In meinem Aufsatz werde ich nur wenig originelle Forschung anhand von Originalquellen vortragen, sondern die vorhandenen Erkenntnisse zu säkularer Geschichte, Missionsgeschichte und Biographie und Aktivitäten Gützlaffs in ihren Verbindungen zu sehen versuchen.

[1] Herman Schlyter, Karl Gützlaff als Missionar in China, Lund/Kopenhagen 1946, 1–5.

Gützlaffs Leben von 1803 bis 1826

Gützlaff[2] wurde am 8.7.1803 in die Familie eines Schneiders in Pommern hinein-geboren. Sein Vater hatte mutmaßlich seine erste Erziehung in der Franckeschen Schule in Halle erhalten. Schon sehr früh scheint der Sohn Karl von Mission, fernen Ländern und ihren Kulturen und Sprachen fasziniert gewesen zu sein. Er verlor im Alter von vier Jahren seine Mutter und wurde nach unguten Erfahrun-gen mit seiner Stiefmutter ein Eigenbrötler. Schon im Alter von acht Jahren je-doch wurde seine große Begabung erkannt und ihm die Möglichkeit zuteil, in der Bürgerschule u. a. die klassischen Sprachen zu lernen. Allerdings stand diese Schule ganz im Geiste der Aufklärung, sodass der in ihm aufkeimende kindliche Glaube zunächst nicht zur freien Entfaltung kam. Er entfremdete sich immer mehr von Glaubensangelegenheiten und von Religion insgesamt und lehnte dar-aufhin das Angebot, mit einem Stipendium der Stadt seine Schulzeit fortzuset-zen, ab. Stattdessen machte er eine Sattlerlehre in Stettin und kam wohl in den ersten Jahren in Stettin mit dem Missionsdenken in Berührung. Er setzte seine Privatstudien gemeinsam mit dem Sohn eines reformierten Pastors fort, der Hei-denreich hieß. 1820 besuchte König Wilhelm Friedrich III. anlässlich einer Trup-penschau Stettin, und Gützlaff und Heidenreich nutzten diese Gelegenheit, um dem König ein gemeinsam verfasstes Gedicht zur Huldigung seiner Majestät zu überreichen. Dies gefiel dem König so gut, dass er den beiden Verfassern Förde-rung versprach. Karl Gützlaff wünschte sich, ein Missionsseminar zu besuchen, und in Unkenntnis der von Johannes Jänicke in Berlin geleiteten Missionars-schule sollte Gützlaff nach Halle geschickt werden, landete letztendlich aber doch bei Jänicke. Dessen Missionsschule wurde großzügig vom König gefördert, seitdem er auf sie aufmerksam gemacht geworden war.[3] Die Jahre 1821–23 in der Missionsschule waren von entscheidender Bedeutung für die spätere Entwick-lung Gützlaffs. Jänicke selbst war stark vom Geiste der Herrnhuter Brüderge-meinde geprägt. Er brachte Gützlaff nicht in der Schule, sondern in einer Herrn-huter Familie unter, weil er sich davon mehr geistlichen Zuspruch für den jungen Mann erwartete. 1821 hatte Gützlaff das entscheidende Bekehrungserlebnis, das in Kreisen der Erweckungsbewegung von grundlegender Bedeutung war. Auch

---

[2] Zur Biographie Gützlaffs vgl. Winfried Scharlau (Hg.), Gützlaffs Bericht über drei Reisen in den Seepro-vinzen Chinas 1831–1833, Hamburg 1997; auch Gerhard Rosenkranz, Die christliche Mission, München 1977, 198–201.
[3] Vgl. Schlyter, Karl Gützlaff als Missionar in China, 10–12.

mit dem Gedankengut Zinzendorfs wurde er vertraut gemacht. Auf die Zeit an der Missionsschule folgte eine kurze Phase von Studien an der Universität Berlin, die ihn dazu befähigen sollte, selber an der Missionsschule zu unterrichten. Zunächst Krankheit und schließlich eine Bitte der Niederländischen Missionsgesellschaft um Missionare verhinderten diesen Plan. Gützlaff erholte sich von seiner Krankheit und ging für eine dreijährige Ausbildung für die Missionsaussendung nach Rotterdam.[4] Für eine Mission in Niederländisch-Indien musste Gützlaff sich mit der dort wichtigsten Sprache, dem Malaiischen, vertraut machen, und er musste sich die Geschichte der holländischen Mission und der Niederländischen Missionsgesellschaft aneignen. Durch das Zurückfallen von südostasiatischen Kolonien an Holland 1814 wurde in der Niederländischen Missionsgesellschaft die Notwendigkeit verspürt, missionarisch tätig zu werden. Das Interesse daran war umso größer, als »Ostindien« und Ostasien sich durch zahlreiche Kulturimporte bemerkbar machten: Im 17. und 18. Jahrhundert waren zahlreiche Waren aus diesem Raum nach Europa gelangt, katholische Missionare und andere Reisende hatten bereits seit dem 16. Jahrhundert mit ihren Berichten Kenntnisse vermittelt, nicht zu vergessen Marco Polos Reisebericht aus dem 13. Jahrhundert.[5] Chinesisches Porzellan, Architektur, Malerei, Tee, zahlreiche weitere kulturelle Einflüsse wurden aus China und anderen Teilen Ostasiens aufgenommen und regten das Interesse nicht nur der Abenteuerreisenden, sondern auch der Missionen. Briefe und Berichte von Missionaren aus Indien und Ostasien zeigen deutlich, dass im Unterschied zur Mission in Afrika der asiatischen Kultur hohe Achtung entgegengebracht wurde; dies führte in vielen Fällen dazu, dass Missionare z. B. zu Indien- oder Chinawissenschaftlern wurden und im Falle einer Rückkehr in diesem Sinne tätig waren.[6]

Für Gützlaff wurde zunächst an eine Aussendung nach dem westmalaiischen Malakka gedacht. Er studierte allerdings über das Malaiische hinaus während eines Paris-Aufenthalts auch Türkisch und Arabisch, da er vorübergehend mit dem Gedanken liebäugelte, in das sich gegen die Türken wehrende Griechenland zu reisen. Gützlaff war sehr umtriebig und erheblich selbstständiger in seinen Bewegungen und Entscheidungen, als der Missionsgesellschaft recht sein konnte.

---

[4] Vgl. a.a.O. 22–32.
[5] Die Reisen des Venezianers Marco Polo im 13. Jahrhundert, hg. v. Dr. Hans Lemke, Wiesbaden 2004.
[6] Vgl. im 20. Jahrhundert u. a. die Missionare Richard Wilhelm (China) (vgl. Wisdom of Changes: Richard Wilhelm and the I Ging, a Film by Bettina Wilhelm, 2011) und Wilhelm Gundert (Japan) (vgl. Markus Himmelmann, Missionarische Rückenansichten: Wilhelm Gundert und Werner Kohler in ihrer Begegnung mit Japan und seinen Religionen, Dissertation Heidelberg, 3 Mikrofiches, 1992/1993).

Er schrieb, während er auf seine Entsendung wartete, ein missionsgeschichtliches Buch, für das er von dem englischen Malakka-Missionar Morrison Material erhalten hatte. Im September 1826 schließlich wurde er im Auftrag der Niederländischen Missionsgesellschaft nach Batavia (heute Jakarta) eingeschifft, wo er Anfang 1827 ankam. Dort wäre eigentlich Mission unter den Bataken in Nordsumatra vorgesehen gewesen, jedoch war dies aufgrund der kriegsähnlichen Zustände zunächst nicht möglich, weshalb Gützlaff erst einmal Mitarbeiter des Missionars Medhurst wurde, der im Auftrag der London Missionary Society als Ultragangesmissionar tätig war. Dies bedeutete eine Orientierung auf die in der Diaspora lebenden Chinesen, wodurch Gützlaff einmal mehr in seiner China-Liebe bestärkt wurde.[7] Bevor ich seine Entwicklung in dieser Richtung weiter verfolge, soll aber nun zunächst ein Blick auf die geschichtlichen Umstände in Sumatra und dem folgend in China zu dieser Zeit geworfen werden.

Geschichtliche Entwicklungen in Sumatra

Der Beginn des 19. Jahrhunderts war in Sumatra durch die Machtübernahme der Niederländer gekennzeichnet, die sich dort gegen die Engländer durchsetzten und sich 1805 auch den nördlichsten Landzipfel Aceh aneignen konnten. Die Unruhen in Nordsumatra hielten allerdings auch danach an, was wie erwähnt auch die Missionsabsichten Gützlaffs einstweilen konterkarierte. 1824 wurde der Britisch-Niederländische Vertrag besiegelt, der die endgültige Übernahme der größten Insel der heutigen indonesischen Inselgruppe durch die Niederländer bestätigte, nachdem 1816 bereits der gesamte Rest des heutigen Indonesiens an die Niederlande gefallen war. Die niederländische Herrschaft war geprägt durch eine erhebliche Ausbeutung der Landbevölkerung mit Hilfe von wucherartigen Pachtsteuern, die bis 1830 2/5 der Ernte ausmachten und 1830 durch eine weitere Maßnahme eine zusätzliche Verschärfung erfuhren. Zwischen 1825 und 1830 führte dies zu antikolonialen Aufständen auf Java, die blutig niedergeschlagen wurden und aufseiten der javanischen Einheimischen 200.000 und unter den Europäern 8000 Todesopfer forderten. Die Niederländer hatten im 18. Jahrhundert Chinesen als Steuereintreiber und Händler fungieren lassen, die sich in dieser Funktion zunächst bei der einheimischen Bevölkerung unbeliebt machten. Auf-

---

[7] Vgl. Schlyter, Karl Gützlaff als Missionar in China, 33f.

grund der massenhaften Zuzüge von Chinesen nach Sumatra und Java wurden sie nun auch von den Niederländern als Bedrohung empfunden und 1740 in Batavia (Jakarta) und 1741 auch auf Java Opfer von Massenmorden von der Hand der einheimischen muslimischen Bevölkerung als auch der niederländischen Kolonialtruppen. Die Chinesen wurden für vogelfrei erklärt und wurden in der Folgezeit immer wieder Opfer von Pogromen. Die Ausbeutung der Kolonie »Niederländisch-Indien« seit 1816 diente den Niederlanden zur Sanierung der zerrütteten Staatsfinanzen. Die Bauern mussten Anbau (»Kultivierung«, »Cultuurstelsel«) betreiben, dessen Ertrag sich zum Export eignete: u. a. Zuckerrohr, Tabak, Kaffee. Ein Fünftel des Bodens musste für diese exportorientierte Kultivierung genutzt werden. Zwischen 1831 und 1877 flossen auf diese Weise 823 Millionen Gulden in die niederländische Staatskasse. Erst danach wurde bis zum Ende des 19. Jahrhunderts das »Kultivierungssystem« schrittweise abgeschafft, wodurch sich allerdings die Lage der Bevölkerung aufgrund der hohen Steuern nur unwesentlich verbesserte.[8] In dieser Umbruchsituation kam seit den 1820er Jahren auf die niederländischen Missionsgesellschaften eine verstärkte Herausforderung zu: eine ausgebeutete Landbevölkerung, eine diskriminierte und Bedrohungen ausgesetzte chinesische Diaspora und Kirchen, die der Umstrukturierung bedurften.

Geschichte Chinas zu Beginn des 19. Jahrhunderts

Anderer Art war der Umbruch, den China um diese Zeit erfuhr. Es erlebte vom Ende des 18. bis zum Beginn des 19. Jahrhunderts eine Zeit des Niedergangs. Die Bevölkerung war bis 1800 rapide auf mindestens 350 Millionen Menschen angewachsen, dies ging zurück auf die Verbesserung der Landwirtschaft und Ausweitung der Ackerflächen. Während der Bevölkerungszuwachs bis jetzt ein Potenzial der Wirtschaftskraft und des Reichtums Chinas gewesen war, wurde er nunmehr zu einer Belastung. Es setzte eine allgemeine Verarmung der Landbevölkerung ein. »Die Ressourcenverknappung bei gleichbleibender – durch Kriege und Korruption sogar steigender – Steuerlast schuf ein großes Reservoir an jungen Männern, denen sich keine angemessene Perspektive bot: denen weder Land

---

[8] Vgl. Friedrich Huber, Das Christentum in Ost-, Süd- und Südostasien sowie Australien (Kirchengeschichte in Einzeldarstellungen Bd. IV/8), Leipzig 2005, 134. Bemerkenswerterweise wird die Sumatra-Mission Gützlaffs bei Huber nicht erwähnt – so sehr scheint durch die China-Orientierung Gützlaffs seine Aktivität in Sumatra in den Hintergrund getreten zu sein.

noch Frauen zur Verfügung standen, um eigenständige Haushalte zu gründen.«[9] Aus Anlass des Thronverzichts des Kaisers Qianlong 1796 nach 60 Jahren Regierungszeit brach im Grenzgebiet von Sichuan, Hubei und Shaanxi der Aufstand des Weißen Lotus[10] aus, nachdem die dortige Bevölkerung von Steuereintreibern massiv ausgebeutet worden war. Der Aufstand konnte 1804 von Kaiser Jiaqing niedergeschlagen werden, brach jedoch 1813 wieder aus. Der Kampf gegen den Weißen Lotus litt darunter, dass sich in der Regierungszeit Qianlongs ausgehend von seinem ehrgeizigen und korrupten Vertrauensmann Heshen (1750–1799) ein Netzwerk der Veruntreuung und Korruption etabliert hatte, das die Niederhaltung des Aufstands erheblich verteuerte.[11]

Opiumhandel

Hinzu kam in dieser Zeit ein Umschwung im Handel mit Großbritannien, das aufgrund von versiegenden Silberquellen seine umfangreichen Tee- und Seide-Importe aus China nicht mehr bezahlen konnte, seitdem die East India Company Probleme damit hatte, das erforderliche Silber aus dem wirtschaftlich niedergehenden Lateinamerika aufzubringen. Bis ca. 1820 war die Handelsbilanz eindeutig zugunsten Chinas ausgefallen, bis das Abfließen des wichtigen Silbers in Richtung Ostasien die europäischen Volkswirtschaften nachhaltig zu schädigen begann. Großbritannien änderte das Zahlungsmittel von Silber auf Opium, das in Bengalen von der East India Company angebaut wurde und nun in China reißenden Absatz fand. Schon 1825 wendete sich das Blatt der Handelsbilanz zugunsten Großbritanniens, das illegal über Händler- und Schmugglerringe ins Land gebrachte Opium ließ das Silber wieder abfließen und sorgte darüber hinaus für eine Verstärkung der Korruption unter den beteiligten chinesischen Beamten, unter den Opiumkonsumenten traten »gehäuft gesundheitliche Zerrüttungssymptome zutage«[12]. Das Problem verschärfte sich, als 1833 die East India Company auf Druck der britischen Regierung das Monopol auf den Opiumhan-

---

[9]   Kai Vogelsang, Geschichte Chinas, Stuttgart 2012[2], 443.
[10] Buddhistisch-daoistisch inspirierte Volksbewegung von armen Bauern und anderen unterprivilegierten Volksschichten, die im 13. Jahrhundert entstanden ist.
[11] A.a.O. 444.
[12] Peter Merker, Gützlaffs Rolle im Opiumkrieg. Zum Verhältnis von Mission, Handel und Imperialismus im China des 19. Jahrhunderts, in: Thoralf Klein/Reinhard Zöllner (Hg.), Karl Gützlaff (1803–1851) und das Christentum in Ostasien, St. Augustin/Nettetal 2005, 41–60, 44.

del aufgab und der Opiumschmuggel völlig außer Kontrolle geriet. Es gab Stimmen, den Opiumhandel, der seit 1729 verboten war, wieder zu legalisieren, um ihn auf diese Weise besser dirigieren zu können. Alleine von 1831 bis 1833 flossen 10 Millionen Unzen Silber aus China ab, der Silberpreis stieg drastisch, und das Kupfergeld verlor an Wert. Arbeiter und Soldaten, deren Gehälter in Kupfergeld ausgezahlt wurden, litten massiv unter der Inflation und mussten sich zum Zahlen der Steuern verschulden.[13]

Mission in China

Das wohl früheste Zeugnis über christliche Mission in China, die Nestorianische Stele (heute im Stelenwald in Xi'an)[14], berichtet über die frühe Nestorianermission in China bis zum Jahre 781 (weshalb die Entstehung der Stele normalerweise auf dieses Jahr datiert wird). Nach einer ersten Blütezeit der nestorianischen Kirche im 7. bis 9. Jahrhundert erlebte sie zur Zeit der Mongolenherrschaft im 13. und 14. Jahrhundert eine Renaissance, die auch von Marco Polo in mehreren Städten bezeugt werden konnte. Nach dem Ende der Mongolenherrschaft wurden sowohl die nestorianischen als auch die römisch-katholischen Kirchen als »fremde Religion« betrachtet, die von ausländischen Herrschern unterstützt wurden, jedoch kam es nicht zu regelrechten Verfolgungen.[15] Die ersten jesuitischen China-Missionare im 16. Jahrhundert waren Michele Ruggieri (1543–1607) und Matteo Ricci (1552–1610). Es begann sich unter den Jesuiten die Einsicht zu verbreiten, dass das Evangelium in China nicht in Konfrontationskurs zur dortigen Kultur und Religion verkündigt werden konnte. Ricci studierte konfuzianische

---

[13] Vgl. Vogelsang, Geschichte Chinas, 447. »Im gesamten 19. Jahrhundert blieb Opium der Hauptexport des Westens nach China. Chinesen aus allen Schichten verfielen der Droge: gelangweilte Eliten rauchten zum Zeitvertreib, Arbeiter entspannten in Opiumhöhlen von der Last des Alltags, Mohnbauern wurden süchtig, einsame Konkubinen flüchteten sich darein, Studenten nahmen es vor ihren Prüfungen, Eunuchen verkauften es im Kaiserpalast, Väter gaben es ihren Söhnen, damit sie dem Glücksspiel fernblieben, und unter den Beamten waren wenige, die es nicht rauchten. Schätzungsweise 10 % aller Chinesen sollen im 19. Jahrhundert Opium geraucht haben, davon 3–5 % exzessiv. Rund 15 Millionen Abhängige gab es am Ende des Jahrhunderts, die von der Droge langsam ausgezehrt und in den Tod getrieben wurden« (Vogelsang, Geschichte Chinas, 448).
[14] Max Deeg, Towards a New Translation of the Chinese Nestorian Documents from the Tang Dynasty, in: Roman Malek (Hg.), Jingjiao: The Church of the East in China and Central Asia (Collectanea Serica), Sankt Augustin 2006, 115–131; Xu Longfei, Die nestorianische Stele in Xi'an. Begegnung von Christentum und chinesischer Kultur, Bonn 2004.
[15] Vgl. Huber, Das Christentum in Ost-, Süd- und Südostasien sowie Australien, 202–205.

Texte und lernte sie auswendig, er begann sich chinesisch zu kleiden (was später auch Gützlaff tat), er wurde von den chinesischen Gelehrten als einer der ihren anerkannt und durfte immer näher an die Hauptstadt Peking heranziehen, bis er zuletzt 1601 den Sitz der Jesuiten in Peking errichten konnte. »Matteo Ricci, Italiener, so ähnlich in allem den Chinesen, dass er einer von ihnen zu sein scheint in der Schönheit des Gesichtes und im Zartgefühl, und in der Sanftmut und der Milde, welche jene so schätzen«[16]. Ricci wies darauf hin, dass der ursprüngliche Konfuzianismus ebenfalls einen Gottglauben beinhaltet hätte, zum anderen versuchte er die christliche Aversion gegenüber den Ahnenriten dadurch zu besänftigen, dass er sie als Bezeugungen von Respekt und Liebe und Aufrechterhaltung von Kommunikation, also als einen nicht-religiösen Vorgang erläuterte. Insofern sei auch eine Teilnahme von Christen an Ahnenriten nicht auszuschließen. Die Linie Riccis wurde fortgesetzt und weiterentwickelt im 17./18. Jahrhundert durch Jesuiten wie Joachim Bouvet (1656–1730) und Jean-Francois Foucquet (1665–1741) mit dem Figurismus als fortentwickelter Akkommodationsmethode. Sie spürten in den alten chinesischen Schriften des Daoismus, Konfuzianismus und Buddhismus Hinweise auf Bestandteile der christlichen Lehre und der Heilsgeschichte auf und versuchten auf diese Weise, die Nähe der chinesischen Kultur zum Christentum nachzuweisen. Auch der bald auf Ricci folgende Johann Adam Schall von Bell (1592–1666) war in China bald als Astronomie-Gelehrter anerkannt. Die Methoden der Jesuiten waren umstritten und führten insbesondere bei anderen Orden wie den Franziskanern und Dominikanern zu heftiger Kritik. Dies fing mit den Sprachregelungen an: Ricci hatte vorgeschlagen, Gott mit *Tian* (Himmel) oder *Shangdi* (Herr in der Höhe) wiederzugeben, seinen Kritikern schwebte eher das Wort *Tianzhu* (Herr des Himmels) vor. Der »Ritenstreit« erreichte seinen turbulenten Höhepunkt, als 1692 von Kaiser Kangxi ein Toleranzedikt verkündet wurde, das das Christentum mit Buddhismus und Daoismus rechtlich gleichstellte. Ricci und der Figurismus waren es, die dieses Edikt ermöglicht hatten. Schon 1693 erließ der apostolische Vikar der Provinz Fujian im Südosten Chinas, Charles Maigrot, am 26.3.1693 eine Instruktion, in der er den jesuitenfreundlichen Erlass von Papst Alexander VII für ungültig erklärte. Damit war das jesuitische Experiment der Akkommodation praktisch gescheitert.[17] 1704 folgte die entsprechende päpstliche Erklärung gegen das

---

[16] Wolfgang Franke, China und das Abendland, Göttingen 1962, 21.
[17] Vgl. Huber, Das Christentum in Ost-, Süd- und Südostasien sowie Australien, 209f. Auch Li Wenchao, Die christliche China-Mission im 17 Jahrhundert, Stuttgart 2000.

jesuitische Experiment. 1721 verbot Kaiser Kangxi die Verbreitung des Christentums, allerdings wurde dieses Verbot nicht strikt eingehalten. Es waren allerdings erst die Opiumkriege im 19. Jahrhundert und damit die von außen erzwungene Öffnung des Landes, die auch christliche Mission wieder ermöglichten. Gützlaffs Mission war an diesem Prozess nicht nur nutznießend, sondern auch aktiv kooperierend beteiligt.[18]

Gützlaffs Hinwendung zu China

Nach seiner Eheschließung mit der britischen Missionarin Mary Newell von der London Missionary Society in Malakka und einer Phase der Tätigkeit in Siam wandte Gützlaff sich seit 1831 dem China-Engagement zu, ausdrücklich im Wissen darum, dass er dies nun auf eigene Verantwortung, als »Einmannmissionar« und ohne Auftrag der Niederländischen Missionsgesellschaft tat, darüber hinaus mit ausdrücklicher Missbilligung seiner Heimat. Bereits als er 1828 Bintang verließ, hatte er dies ohne Genehmigung und gegen den Willen der Missionsgesellschaft getan. »Mein ganzes Augenmerk ist nun auf China gerichtet, nicht aus eigner Wahl, sondern getrieben im Geist; Gott hat gnädiglich diesen Geist des Gebets über mich ausgegossen, und ich kann die Hunderte Millionen von China an das hohepriesterliche Herz des Herrn Jesu legen; Er wird Wege bahnen und sein herrliches Evangelium triumphiren lassen; … Demnach gedenke ich grade auf Peking loszugehen, und zu erwarten was Gott mir gebietet … Ich bin überzeugt von der Riesenhaftigkeit des Unternehmens, dass jetzt meine Seele erfüllt; aber Gott ist gross, sehr gross … Ich habe die Chinesen unbeschreiblich lieb, ja ich lechze nach ihrer Seligkeit.«[19] Die China-Aktivitäten Gützlaffs fanden somit unter den Bedingungen eines offiziellen Missionsverbots statt, zugleich war er zwar ein Freund chinesischer Kultur, sprach fließend Chinesisch und kleidete sich chinesisch, verfolgte jedoch theologisch nicht den Kurs der frühen Akkommodisten oder der Figuristen, sondern vertrat in seinen Predigten, mit seiner Verteilung von Bibeln und in seinen Traktaten eine traditionelle missionarische Linie. Er war allerdings gemeinsam mit den frühen jesuitischen Missionaren der Meinung, dass die literarische Mission wichtig sei, obwohl diese zunächst ein-

---

[18] Vgl. für eine Überblicksinformation zur Missionsgeschichte in China Ulrich Dehn, Religionen in Ostasien und christliche Begegnungen, Frankfurt am Main 2006, 76–80.
[19] Schlyter, Karl Gützlaff als Missionar in China, 64.

mal nur den winzigen alphabetisierten Anteil der chinesischen Bevölkerung erreichte.[20]

Als er am 3.6.1831 Siam in Richtung China verließ, war seine Frau bei der Entbindung von Zwillingen im Februar des Jahres verstorben und die Kinder ebenfalls kurz nach ihr.[21] Diese persönlichen Schicksalsschläge sowie eine eigene Krankheit interpretierte Gützlaff als Hinweis Gottes, alle Bedenken hintan zu stellen und sich ganz der großen Aufgabe der »Heidenmission« zu stellen, auch ohne Rückendeckung einer Missionsgesellschaft. Seine ersten Fühlungsnahmen mit China bestanden in zwei Küstenreisen, die erste davon eine Privatreise in einer chinesischen Dschunke entlang fast der gesamten südöstlichen Küste Chinas bis nach Tientsin, der Hafenstadt von Beijing. Gützlaff sprach inzwischen gut Chinesisch, hatte sich chinesische Verhaltensweisen angeeignet, trug chinesische Kleider und vermied das Lesen von europäischen Büchern. Bei jedem Anlegen des Schiffes hielt er den Einheimischen, die sich schnell beim Schiff einfanden, eine Missionspredigt. Dabei war er der Verbindung von Mission und Handel nicht abgeneigt, solange sie der Verbreitung der Predigt vom Reiche Gottes diente.[22] Die Berichte über diese privat organisierte und betriebene Reise fanden allgemeine Aufmerksamkeit, und Gützlaff selbst war darauf aus, eine weitere Reise zu unternehmen, jedoch nicht mehr auf eigene Verantwortung und unter den Strapazen, die eine selbst organisierte Schiffsreise mit sich brachte. Er trug das Anliegen einer Schiffsreise, die die Möglichkeiten des Handels an der chinesischen Küste erkunden könnte und ihm Missionsgelegenheiten eröffnen würde, an die East India Company heran, woraus sich 1832 auf seine Initiative hin seine zweite Reise ergab, diesmal eine geheime Mission der East India Company unter Hugh Hamilton Lindsay, die Ende Februar 1832 von Macao ablegte.[23] Dass Gützlaff ganz gezielt auch die Handelsinteressen der Briten und seine Dienste für diese als ein willkommenes Vehikel seiner Mission betrachtete, daraus machte er kein Geheimnis und sah sich in dieser Verbindung von missiona-

---

[20] Vgl. Rosenkranz, Die christliche Mission, 199.
[21] Vgl. Schlyter, Karl Gützlaff als Missionar in China, 55f.
[22] Vgl. a.a.O. 63–71.
[23] Schleyter, Karl Gützlaff als Missionar in China, 71; Merker, Gützlaffs Rolle im Opiumkrieg, 44. Merker erwähnt allerdings nicht, dass die zweite Reise auf Initiative von Gützlaff veranstaltet wurde, sondern insinuiert, dass er nur als Experte hinzugezogen wurde (»Zur Unterstützung wurde Karl Gützlaff gewonnen, der die chinesische Küste im Vorjahr bereits befahren hatte und auf Grund seiner Sprachfertigkeiten und intimen Kenntnisse wertvolle Dienste zu leisten in der Lage war«, 44).

rischen und ökonomischen Interessen auf einer Linie mit seiner ursprünglichen calvinistisch orientierten Entsendungsgesellschaft aus den Niederlanden.

Die Reise auf dem Schiff »Lord Amherst«[24] ging an Hongkong vorbei nach Xiamen, Fuzhou, Ningbo, Shanghai und nach Korea, wo Gützlaff am Ende der Reise als erster protestantischer Missionar und überhaupt als erster Deutscher hingelangte[25], und zu den Ryukyu-Inseln. Sie galt der »Erkundung von Handels- und Schiffahrtsmöglichkeiten (sic), Befestigungen und Truppenstärken, [dem] versuchsweisen Absatz bestimmter Waren und [der] mögliche[n] Anbahnung weiterführender Handelskontakte«[26]. Das Überreichen von Bittschriften zu freiem Handel an die jeweiligen Behörden war beabsichtigt. Dabei gingen Lindsay und Gützlaff hartnäckig und konsequent vor und schreckten auch in einem Falle nicht vor dem Kapern eines Polizeischiffs zurück. Sie wurden überall, wo sie zu landen versuchten oder auch landeten, von der Bevölkerung freundlich und von den Zivil- und Militärbehörden skeptisch bzw. ablehnend empfangen. Besonders deutlich war Letzteres in Ningbo: »Man weigerte sich, die Bittschrift entgegenzunehmen, und nannte die Engländer böse, schlaue und verschlagene Barbaren, die sich wie Ratten in alle Winkel und Ecken hineinschlichen«[27], unter Aufnahme von Formulierungen aus dem Bericht Gützlaffs. In Shanghai war der Empfang ähnlich. Lindsay und Gützlaff reisten unter falschen Namen, mit den Außenstellen der East India Company war Diskretion verabredet. Während der gesamten Reise äußerte nur ein chinesischer Beamter offen den Verdacht, dass das Schiff nicht zu Handels-, sondern zu Spionagezwecken unterwegs sei, konnte jedoch keine Beweise erbringen. Das Büro der East India Company versicherte auf Nachfrage, dass ihm das Schiff und die reisenden Personen völlig unbekannt seien.

Gützlaff hatte regelmäßig Erfolg mit Missionspredigten an den Landungsstellen, der Erfolg im Sinne der Handelsgesellschaft blieb jedoch weit unter den Erwartungen, sodass die Expeditionsreise insgesamt als Misserfolg gewertet wurde und Gützlaff keine Chance sah, die East India Company noch einmal für eine vergleichbare Unternehmung zu gewinnen. Es war jedoch sehr deutlich, dass er im Zusammenhang dieser seiner zweiten Reise an der Südostküste Chi-

---

[24] Benannt nach Lord William Amherst (1773–1857), dem britischen Diplomaten, der 1816 vergeblich versucht hatte, eine Audienz beim chinesischen Kaiser zu erhalten (vgl. Merker, Gützlaffs Rolle im Opiumkrieg, 44).

[25] Sylvia Bräsel, Missionar aus Überzeugung, Entdecker mit Marketingtalent: Gützlaff – der erste Deutsche in Korea, in: Klein/Zöllner (Hg.), Karl Gützlaff (1803–1851), 61–75.

[26] Merker, Gützlaffs Rolle im Opiumkrieg, 44f.

[27] Schlyter, Karl Gützlaff als Missionar in China, 73.

nas zum Zwecke der Mission seine Fähigkeiten auch in den Dienst von Handel und Spionage stellte und dies mit der objektiv wünschenswerten Verbreitung der Botschaft an das chinesische Volk begründete und rechtfertigte.[28] Erst ab 1839/40 stellte sich ihm die Frage, ob auch die Beteiligung am Krieg in diesem Dienste zu rechtfertigen sei.

Der erste Opiumkrieg (1839–1842)

Die Überflutung mit Opium aus dem Außenhandel wurde im Laufe der 1830er Jahre zu einem immer größeren Problem für das Land und führte zu unzähligen Eingaben an den Kaiserhof, zu handeln. Die Vorschläge reichten von Kontrolle des Opiumhandels durch Legalisierung und Besteuerung über die Einführung von Papiergeld zur Bezahlung der chinesischen Waren bis hin zum Einfuhrverbot und Todesstrafe bei Drogenmissbrauch. Eine harte Linie setzte sich durch, die im Auftrag des Kaisers Daoguang (1820–1850) durch den kaiserlichen Gesandten Lin Zexu in Guangzhou erbarmungslos durchgesetzt wurde: Ab 1837 wurden die Schmugglerschiffe (»schnelle Krabben«) zerstört, Opiumhändler und -raucher verhaftet und hingerichtet und Tausende Opiumpfeifen zerstört. Am 18.3.1839 wurde in einem kaiserlichen Edikt Ausländern der Opiumhandel verboten, was Lin ermöglichte, auf die Herausgabe von Opium zu drängen und 22.000 Kisten (1400 Tonnen) Opium zu vernichten. Lin Zexu schrieb einen Brief an Königin Victoria, in dem er ihr die unbeschreiblichen Schäden des Opiums vor Augen hielt und an das Gewissen der Königin appellierte. Er zitierte die Goldene Regel unter Verweis auf die Tatsache, dass Opiumkonsum in England verboten sei.[29]

In England löste sein Vorstoß Empörung nicht über den Opiumhandel, sondern über die Chinesen aus. Abgesehen von oppositionellen Stimmen, die sich strikt gegen einen Krieg zum Schutz der Opiumhändler bzw. -schmuggler aus-

[28] »Welch ein Recht haben aber die Europäer ... wider den Willen der Chinesen in deren Land einzudringen, sich, wie die Ratten in alle Winkel bei ihnen einzuschleichen? Darauf läßt sich mit vollem Recht erwidern, daß Verbreitung von nützlichen Kenntnissen und Wissenschaften, und vor allem Ausbreitung des Christentums ... eine so heilige Angelegenheit ist, daß keine Regierung der Welt befugt sein kann, sie vor dem ihr untergebenen Volk abzuhalten. Ja sogar der Wille des Volks selbst, das etwa in seiner Verblendung jene Segnungen für Übel halten möchte, darf den Menschenfreund nicht abschrecken von dem Versuche, sie ihnen dennoch zu geben« (aus dem Vorwort seiner 1843 erschienenen Reisebeschreibung, zitiert in Merker, Gützlaffs Rolle im Opiumkrieg, 45f.).

[29] Vgl. Vogelsang, Geschichte Chinas, 450.

sprachen, überwogen nationalistische Strömungen und die Tatsache, dass das Chinabild Europas sich gewandelt hatte: Der Respekt gegenüber einem alten Kulturland war der Verachtung gegenüber angeblichem Stillstand und Abschließung gewichen. Nationalistische und wirtschaftliche Interessen und die auf koloniale Expansion orientierte Stimmung im Land übermalten eindeutig die moralischen und menschlichen Aspekte. Im Sommer 1839 brach eine Kriegsflotte von 40 Schiffen, darunter gepanzerte Dampfschiffe, und 4000 Soldaten unter dem Kommando von Admiral George Elliot auf und erreichte im Juni 1840 die chinesische Küste. Seeblockaden und Verhandlungen brachten kein Ergebnis. Die Briten griffen an, und zwar unter den Bedingungen extremer Ungleichheit: Gepanzerten Kanonenbooten, einer modernen Artillerie und Berufssoldaten auf britischer Seite standen hölzerne Sampans, Lanzen und Schwerter und Bauernmilizen bei den Chinesen gegenüber. Nach der Eroberung und Besetzung von Guangzhou setzten die Engländer ihren Siegeszug entlang der Küste fort und drangen bis nach Shanghai und Zhenjiang vor, um sich dann auf dem Yangzi flussaufwärts in Richtung Nanjing zu bewegen. Einer blutigen Eroberung der alten Kaiserstadt vorbeugend ergaben sich die chinesischen Truppen im August 1842.

Bereits im Januar 1841 hatte es den Vorschlag eines Abkommens, ausgehandelt durch Charles Elliot, einen Cousin von George Elliot, gegeben, der sowohl von Englands Premierminister als auch vom chinesischen Kaiser abgelehnt wurde. Daraufhin trat der Krieg in seine zweite Phase unter Henry Pottinger anstelle von Charles Elliot. Das Abkommen vom August 1842, der »Vertrag von Nanking«, der erste der vier »ungleichen Verträge«, sah u. a. die Abtretung von Hongkong, das den Engländern im Krieg als Operationsbasis gedient hatte, an England, hohe Reparationszahlungen, Öffnung der von den Engländern eroberten Häfen für den Handel, Akkreditierung englischer Diplomaten, die den chinesischen Beamten protokollarisch gleichgestellt sein sollten, Verlust der Rechtshoheit über Ausländer und der politischen Kontrolle über einige Gebiete vor. In einem Zusatz wurde bestimmt, dass Vergünstigungen, die anderen Ländern eingeräumt wurden, automatisch auch England zukommen sollten. Der erste Opiumkrieg einschließlich der »ungleichen Verträge« »war das erste moderne Verbrechen, das der Westen an China verübte«[30]. China büßte mit diesem Ereignis seine alte Überlegenheitsmentalität gegenüber der »barbarischen Welt« ein und fand zugleich Anschluss an die Geschichte der Moderne.[31]

---

[30] A.a.O. 453.

Gützlaffs China-Mission und seine Rolle im ersten Opiumkrieg

Gützlaff trat 1834 in die Dienste des englischen Handelssuperintendenten Lord Napier, der einen China-Sekretär und Dolmetscher brauchte. Das verschaffte Gützlaff ein regelmäßiges Einkommen, führte aber auch dazu, dass er seiner Reise- und Missionstätigkeit nicht mehr im vorherigen Maße nachkommen konnte.[32] Zugleich verschlechterten sich die Beziehungen zwischen England und China aufgrund des Opiumhandels, und Gützlaff, nunmehr offiziell Teil des britischen Personalbestandes in China, musste 1839 gemeinsam mit Elliot und den anderen Engländern nach Macao übersiedeln. Für ihn bedeutete dies, in seiner (illegalen) Missionstätigkeit in das chinesische Festland hinein noch weiter eingeschränkt zu sein, aber Macao war nun sein Wirkungsgebiet, in dem er und die Mitglieder seiner Familie, u. a. seine Frau in zweiter Ehe und zwei Nichten, missionarische Erfolge erzielten. Als im Juni 1840 bei Ankunft der englischen Flotte vor der chinesischen Küste die erste regelrechte Phase des Opiumkrieges ausbrach, musste auch Gützlaff als Dolmetscher an den jeweiligen Operationen der Engländer teilnehmen und befand sich aufgrund seiner dienstlichen Verpflichtungen immer im Brennpunkt der Ereignisse, was bedeutete, dass er seine eigentliche Arbeit faktisch aufgeben musste.[33] Gützlaff hielt sich auf der Insel Tschusan auf, während Elliot nach Peking segelte, um mit dem Kaiser zu verhandeln. Er konnte sich die Insel, die auch nicht weit von Japan und Korea lag, gut nicht nur als Missionsgebiet, sondern auch als Ausgangsbasis zu den anderen Ländern vorstellen. Elliot scheiterte mit seinen Verhandlungsversuchen und griff erneut an, um einen Waffenstillstand Anfang und Mitte 1841 durchzusetzen. In dieser Zeit wirkte Gützlaff wieder in Macao, suchte aber nach Wegen, in das Innere Chinas vorzudringen. Als im August 1841 Elliot durch Pottinger ersetzt wurde und dieser zügig eine Küstenstadt nach der anderen eroberte, musste Gützlaff ihm erneut folgen und überlegte nun, das von den Engländern eingenommene Ningpo zur Ausgangsbasis seiner Missionsaktivitäten zu machen. Pottinger ließ Gützlaff in Ningpo zurück, als er selbst nach Südchina zurückkehrte. Dieser hatte nun, nach seiner Selbstaussage, die Aufgabe erhalten, das chinesi-

---

[31] Allerdings muss berücksichtigt werden, dass auf chinesischer Seite die Reichweite der Verträge nicht in vollem Umfang gesehen wurde, und die Zusätze (Meistbegünstigungsklausel, Exterritorialität, Konsulargerichtsbarkeit) gingen auf einen chinesischen Vorschlag zurück (Qiying, 1790–1858) (Merker, Gützlaffs Rolle im Opiumkrieg, 50–52).

[32] Vgl. Schlyter, Karl Gützlaff als Missionar in China, 90f.

[33] Vgl. a.a.O. 127f.

sche Volk davon zu überzeugen, dass die Engländer nicht seine Feinde, sondern Freunde seien und Krieg nicht gegen das Volk, sondern gegen den Kaiser führten. Auch konnte er nun darauf verweisen, dass die »Götzen« der Stadt diese nicht vor der Eroberung geschützt hätten. Nach siebenmonatiger intensiver Missionstätigkeit in Ningpo musste Gützlaff im Frühjahr 1842 wieder die englische Flotte begleiten, um nunmehr die Fahrt auf Nanking mitzuerleben, die endgültig den Sieg der Engländer erzwingen sollte. Mit dieser Fahrt flussaufwärts auf dem Yangzi (Jangtsekiang) in das Land hinein, die bereits vor der Ankunft in Nanking zur Aufgabe des Kaisers führte, schien sich für Gützlaff sein jahrelanger Traum vom missionarischen Erreichen des ganzen chinesischen Volkes zu erfüllen.

Bei den nun folgenden Verhandlungen, die unter den genannten erpresserischen Bedingungen schwerlich als »Friedensverhandlungen« bezeichnet werden können[34], spielte Gützlaff als Dolmetscher und dank seiner freundschaftlichen Beziehungen zu den Chinesen eine wichtige Rolle. Er nutzte den Aufenthalt reichlich zu Predigten und zum Verteilen des Neuen Testaments. Im Oktober 1842 kehrte er nach Tschusan zurück, weil er dort als eine Art Statthalter fungieren sollte. Tschusan war auch als Mittelpunkt für seine missionarischen Aktivitäten gut geeignet, im Herbst 1843 wurde er jedoch von den Engländern nach Hongkong versetzt.[35]

Gützlaff blieb bis an sein Lebensende im Dienste der britischen Kolonialmacht und in der Kolonialadministration in Hongkong und nutzte weiterhin seine Position und sein Einkommen zur Missionsarbeit und zum Aufbau eines regelrechten Missionsunternehmens, für das er mit großem Erfolg Spenden einwarb. 1844 gründete er eine Schule für chinesische Missionare, musste allerdings erfahren, dass er von den Missionaren hintergangen wurde, die die ihnen zur Verteilung anvertrauten Bibeln für ihre Opiumsucht zu Geld machten und ihm falsche Berichte über ihre Missionserfolge zustellten. Die letzten Jahre seines Lebens wurden davon überschattet, dass sich in Hongkong eine Intrige gegen ihn konsolidierte. Aus Anlass einer ca. halbjährigen Europareise Gützlaffs ab Mitte Dezember 1849 wurde ausgerechnet von einem engen Vertrauten, dem schwedischen Missionar Theodor Hamberger, dem er vertretungsweise die Leitung seines »Vereins« während seiner Abwesenheit überlassen hatte, die Initiative ergriffen, mutmaßliche Missstände des Vereins durch ein Komitee aufzude-

---

[34] Schlyter, Karl Gützlaff als Missionar in China, 132, bezeichnet sie jedoch so, was sich gut in seine England-freundliche Berichterstattung einfügt.
[35] Vgl. a.a.O. 132–136.

cken zu lassen: Opiumsucht der Missionare, falsche Namen und Adressen zahl-
reicher Mitglieder des Vereins, Vortäuschen von Missionserfolgen, Rückverkauf
von Schriften an die Druckerei (und Besorgen von Opium mit dem erhaltenen
Geld). »Die Organisation bestehe ›zum größten Teil aus Opiumrauchern, Lüg-
nern und Betrügern‹.«[36] Neben Hamberger war es insbesondere James Legge von
der London Missionary Society, der diese Anschuldigungen vorbrachte. Hinter
diesen Aktivitäten, die zu guten Teilen mit Eifersucht gegenüber den Erfolgen
Gützlaffs verbunden sein mochten, steckten auch Vorbehalte gegenüber der un-
ternehmerischen Einzelgestalt Gützlaff und gegenüber den etablierten Missionsgesellschaften. Gützlaff, der sein Lebenswerk zerbrechen sah, versuchte Scha-
densbegrenzung zu betreiben und reiste eilig nach Hongkong zurück, war jedoch
bereits gesundheitlich so geschwächt, dass er nach den Strapazen der Schiffsreise am 9. 8. 1851 an Wassersucht starb. Die Ehrenrettung seines Unternehmens
war ihm nur teilweise gelungen.[37]

Gützlaffs Positionierung im Geflecht zwischen europäischem Kolonialismus und China

Während des Krieges hatte er mit seiner Position auf der Seite der englischen
Hardliner gestanden, kritisierte den chinesischen Kaiser als »wortbrüchig und
lächerlich« und war in Verhandlungen starrsinnig und begrüßte den Austausch
von Elliot gegen Pottinger, da jener zu weich und nachgiebig gegenüber den Chinesen gewesen sei. Den Krieg bezeichnete er als den Engländern von den Chinesen aufgezwungen. Während er einerseits eine differenzierte und verständnis-
volle Sicht der unterschiedlichen chinesischen Interessengruppen bietet, nimmt
er zum anderen eine moralische Abqualifizierung der chinesischen Truppen vor,
die bei Ningpo zurückgeschlagen wurden, und die Kriegsverantwortlichen auf
britischer Seite werden von ihm überwiegend positiv gezeichnet.[38] Bei aller vormals zitierten Kritik am Agieren der Europäer in China ließ sich Gützlaff seinen
politischen Blick durch die starke Konzentration auf das missionarische Anliegen
trüben: »Der Gedanke, daß der Weg des Evangeliums mit Spießen und Kanonen

---

[36] Winfried Scharlau, Der Missionar und Schriftsteller Karl Gützlaff, in: Ders., Gützlaffs Bericht über drei
Reisen in den Seeprovinzen Chinas 1831–1833, 7–51, 47.
[37] Vgl. a.a.O. 44–48.
[38] Vgl. Merker, Gützlaffs Rolle im Opiumkrieg, 47f.

muß geöffnet werden, ist schrecklich, und daher verabscheue ich von ganzem Herzen diesen gegenwärtigen Krieg. Mein einziges Bestreben besteht in Friedensvorstellungen; die List und Niederträchtigkeit der Chinesischen Behörden jedoch hat dies unmöglich gemacht. – Es ist daher sehr deutlich, daß der Herr Jesus etwas sehr Großes mit diesem Land vorhat, denn sonst würde er schon längst die Segnungen des Friedens dieser Nation haben angedeihen lassen.« Und über die Kämpfer auf chinesischer Seite bei der Schlacht um Ningbo schreibt er Folgendes:»Das Blutbad war fürchterlich, so scheußlich als ich es noch nie gesehen hatte. Alleine die Mandarine hatten Räuber, Mordbrenner und Meuchelmörder wider die Engländer gesandt und der größte Teil der Erschlagenen bestand aus dem Abschaum der Menschheit.«[39] Diese Äußerungen sind umso erstaunlicher in Anbetracht der ursprünglichen Liebe Gützlaffs zu chinesischer Landeskunde und Kultur, die allererst sein China-Engagement auslöste. Sie sind nur verständlich, wenn seine enge Zusammenarbeit mit der East India Company und seine Position im britischen Kolonialbeamtentum vor Augen bleiben. Zugleich sind sie aber rhetorisch so emphatisch, dass nicht einfach vermutet werden kann, er habe sie sich wider besseres Wissen abgerungen. In Anbetracht dessen, dass der Opiumkrieg, an dem Gützlaff in seiner Position aktiv teilnehmen musste, ein ungerechter und verbrecherischer europäischer Kolonialkrieg par excellence war – eine Einsicht, die Gützlaff fremd war und an keiner Stelle in seinen Berichten auftaucht –, war der politische und menschlich-moralische Preis, den er für seine Mission nach China zahlte (Kollaboration mit den Engländern, Spionagetätigkeit, englandfreundliche Berichterstattung), sehr hoch. Aus heutiger Sicht war er vermutlich zu hoch, jedoch waren die missionarischen Erfolge Gützlaffs so überwältigend, dass sie seine umtriebigen Methoden positiv zu übermalen scheinen. Auch zeichnete Gützlaff sich dadurch aus, dass er schnell einheimische Mitarbeiter in seine Arbeit einbezog und auf diese Weise in nachhaltigerer Weise Gemeindeaufbau betrieb, als seine zahlreichen von Missionsgesellschaften gestärkten Kollegen dies taten. Dies wurde zu einem wichtigen Positivposten in seiner Wirkungsgeschichte jenseits der politischen Aspekte.[40] Winfried Scharlau, der Herausgeber seiner Reiseberichte, lässt ihm in seiner biographischen Skizze einen wohlwollenden Vergleich angedeihen:»Der Freimissionar Gützlaff wirkt wie ein Vorläufer von Albert Schweitzer, der hundert Jahre später ebenso selbst-

---

[39] Ebd.
[40] Vgl. Schlyter, Karl Gützlaff als Missionar in China, 136–143.

sicher und unabhängig seinen Weg nach Afrika ging. Die Ähnlichkeit der beiden Persönlichkeiten ist unübersehbar. Beide Missionare haben die Öffentlichkeit in Europa und Amerika für ihre Projekte begeistert und zu Spenden angeregt. Beide waren sogenannte Freimissionare ohne finanzielle Rückendeckung durch eine Missionsgesellschaft, aber auch ohne die Verpflichtung, Weisungen einer Zentrale zu befolgen.«[41] Scharlau räumt allerdings ein: »Hoffart und Ruhmsucht waren Gützlaff nicht fremd, haben aber für seine Ausrichtung nach China keine wirkliche Rolle gespielt.«[42]

Die von Gützlaff ausgehende Faszination ist insbesondere in Ostasien ungebrochen und äußert sich in neueren Forschungsvorhaben bis hin zu einer Gützlaff-Forschungsgesellschaft, die in Südkorea gegründet wurde.

(Prof. Dr. Ulrich Dehn ist Professor für Missions-, Ökumene- und Religionswissenschaft an der Universität Hamburg)

ABSTRACT

For several reasons Karl Gützlaff was a unique missionary: He acted independently from any mission society for most of the time of his missionary life, and he exposed himself to controversy by making use of the opium trade and the (first) opium war for missionary purposes as a colonial clerk of the British administration in East Asia. First and foremost he was interested in China, and even having been sent to Sumatra he was preoccupied with his orientation to China getting involved in research trips by ship on the Chinese southeast coast to explore the missionary opportunities of the country. Gützlaff's involvement took place in a politically very crucial time for Indonesia (the Dutch taking colonial power from the British in Sumatra) as well as China (the emergence of massive social problems and the beginning of the opium trade) which made the mission all the more dangerous and difficult.

---

[41] Scharlau, Gützlaffs Bericht über drei Reisen in den Seeprovinzen Chinas 1831–1833, 17.
[42] A.a.O. 18.

Zur Definition und wissenschaftstheoretischen Verortung der Interkulturellen Theologie

Kommentar zu den Beiträgen des Themenheftes »Was ist Interkulturelle Theologie?« (2–3/2014)

Dirk-Martin Grube

Die Beiträge des oben genannten Bandes stehen im Zeichen der Frage »Was ist Interkulturelle Theologie?«. Sie enthalten programmatische Überlegungen zur Charakterisierung der noch relativ jungen Disziplin der Interkulturellen Theologie. Ich bin gebeten worden, diesen Band zu kommentieren. Dieser Bitte komme ich gerne nach, da ich die Interkulturelle Theologie für eine bedeutsame und zukunftsweisende Disziplin halte.

Dabei möchte ich gleich zu Beginn angeben, warum die Interkulturelle Theologie aus meiner Sicht bedeutsam ist:

- Zum einen bearbeitet sie Formen des Christseins, die in der Zweidrittelwelt beheimatet sind, in der langfristig der Schwerpunkt des Christentums liegen wird.
- Zum anderen liefert sie auch Einsichten in den konstruktiven Umgang mit Andersdenkenden, was für die interkulturelle Philosophie/Hermeneutik wie auch in sozialethischer Hinsicht relevant ist (etwa für die Konzeption von Sozialsystemen, die multi-religiös und multi-kulturell sind).
- Im Zusammenhang damit sind auch die in der Interkulturellen Theologie verwendeten Reflexionsformen zu nennen, insofern sie auf dem beruhen, was Reinhold Bernhardt als »Kontextualitätsparadigma«[1] bezeichnet. Da-

---

[1] Reinhold Bernhardt, Interkulturelle Theologie – Ihre Programmatik in systematisch-theologischer Perspektive, in: ZMiss 2–3 (2014), 149–172, hier: 153.

mit ist eine Betonung der Kontext-, also Orts-, Interessen- und Kulturge-
bundenheit des Denkens gemeint, die eine Relativierung klassischer Absolutheitsansprüche mit sich bringt, wie sie noch im traditionellen Verständnis
der Missionswissenschaft gegeben waren. Eine derartige Relativierung absoluter Geltungsansprüche und deren Konsequenzen und Probleme[2] werden
auch in der heutigen Wissenschafts- und Erkenntnistheorie diskutiert, sodass die in der Interkulturellen Theologie verwendeten Reflexionsformen
gut an heutiges Philosophieren anschließen.

Kurzum, ich halte die Interkulturelle Theologie für eine aus theologisch-christ-
lichen, kulturell/sozialethischen und auch philosophischen Gründen wichtige
und interessante Theoriebildung, die gründlicher wissenschaftstheoretischer Reflexion bedarf. Der Schwerpunkt dieses Beitrags besteht in einer derartigen Reflexion, da mein eigenes Denken stark durch die (anglo-amerikanische) Philosophie geprägt ist. Durch verschiedene Umstände bin ich allerdings in den letzten
Jahren in vielfachen Kontakt mit Christinnen und Christen aus nicht-westlichen
Kulturen getreten, deren Werdegang und Schicksal mich oftmals sehr berührt
haben. Die Fremdheit ihrer Kultur und ihrer Weise, das Christentum zu leben,
begreife ich als Herausforderung und Anfrage an meinen eigenen kulturell-philosophischen Hintergrund, vor dem ich Christ bin. Über diese Herausforderung
möchte ich weiter nachdenken, wozu auch dieser als Gesprächsangebot gemeinte
Beitrag dienen soll.

Da der genannte Band der ZMiss vielfältige Anregungen enthält, kann bei
dessen Kommentierung nicht allen Beiträgen dieselbe Aufmerksamkeit gewidmet werden. Ich konzentriere mich im Folgenden vor allem auf die Beiträge, die
sich mit den Problemen der Definition[3] der Interkulturellen Theologie und ihrer
wissenschaftstheoretischen Verortung beschäftigen. Diese Probleme, also die

---

[2] Zu denen etwa die Frage gehört, wie weit eine derartige Kontextualisierung durchgeführt werden
kann und soll. Beinhaltet sie zum Beispiel, Wirklichkeitsverständnisse und darauf beruhende Praktiken zu tolerieren, die nach westlich-christlichem Verständnis lebensfeindlich sind, etwa einen Glauben
an Dämonen? Vgl. zu dieser Frage die Überlegungen von Henning Wrogemann, Missionstheologien
der Gegenwart. Globale Entwicklungen, kontextuelle Profile und ökumenische Herausforderungen,
Gütersloh 2013, 259 u. ö.

[3] Wenn ich im Folgenden von »Definition« spreche, meine ich das in weitem Sinn. Klassisch wird »definieren« als das Anreichen notwendiger und hinreichender Bedingungen verstanden, die das fragliche
Phänomen eindeutig abgrenzen. Eine derartige Definition von »definieren« wird aber den meisten kulturellen und geistigen Phänomenen nicht gerecht. Ich verstehe darum »definieren« im Folgenden in
wesentlich breiterem Sinn, im Sinn einer grundsätzlichen Charakterisierung eines Phänomens.

grundsätzliche Charakterisierung der Interkulturellen Theologie und ihre Abgrenzung von benachbarten Disziplinen, sehe ich in der heutigen Diskussionslage als besonders dringlich an.[4]

Dabei möchte ich aber noch hinzufügen, dass auch die Beiträge des Bandes, auf die ich nicht oder nur am Rande eingehe, wichtige Impulse enthalten. Um wenigstens noch zwei Überlegungen anzusprechen: Atola Longkumer plädiert dafür, die interkulturelle Hermeneutik dezidiert als wertorientierte Emanzipationsbemühung aufzufassen, und verbindet dies mit einer Kritik an postmodernistischer Betonung der Differenz[5], und Josef Estermann versteht die Interkulturelle Theologie als Dekonstruktion abendländisch geprägter Theologie mit Hilfe der indigenen andinen Weisheit: Bei Letzterer ersetze das Grundprinzip der Relationalität das der Substanzialität, das in der abendländischen Philosophie dominiere, wodurch deren Grundaxiome, wie zum Beispiel die logischen Prinzipien des Widerspruchs und des ausgeschlossenen Dritten, in Frage gestellt werden.[6] Auch ich habe die postmodernistische Fetischisierung von Differenz und vor allem das logische Prinzip des ausgeschlossenen Dritten verschiedentlich kritisiert. Wenn ich diese Beiträge hier nicht weiter aufnehme, dann bitte ich das also nicht als Desinteresse aufzufassen.

I. Zur Definition der Interkulturellen Theologie

In diesem Abschnitt diskutiere ich ein Programm zur Charakterisierung der Interkulturellen Theologie, gehe im Anschluss daran auf das Definitionsproblem anhand von Familienähnlichkeitsdefinitionen ein und schlage ein konkretes Kriterium vor, das meines Erachtens hilfreich zur Definition der Interkulturellen Theologie ist.

---

[4] Ähnlich auch Franz Gmainer-Pranzl, Der »Logos christlicher Hoffnung« in globaler Verantwortung, in: ZMiss 2–3 (2014), 129–148, hier: 131.
[5] Atola Longkumer, Intercultural Hermeneutics from an Indian Feminist Theology Perspective, in: ZMiss 2–3 (2014), 201–218, hier: vgl. 213–215.
[6] Josef Estermann, Gott ist nicht europäisch, und die Theologie ist nicht abendländisch, in: ZMiss 2–3 (2014), 186–200, hier: vgl. 191–192.

1. Gmainer-Pranzls Ansatz

Franz Gmainer-Pranzl ist der Lehrstuhlinhaber für Systematische Theologie und Leiter des Zentrums »Theologie Interkulturell und Studium der Religionen« an der Katholisch-Theologischen Fakultät der Universität Salzburg. Grundsätzlich stellt er fest, die Interkulturelle Theologie stelle einen »explizit *theologischen* Zugang dar, versteht sich also als Verantwortung des Heils-und Wahrheitsanspruchs des christlichen Glaubens«.[7] Dabei besitzt sie aber gleichzeitig eine hohe religionswissenschaftliche (»empirische«) Expertise und ein ausgeprägtes religionsphilosophisches (»diskursives«) Problembewusstsein. Nach einer Auflistung der 16 wichtigsten Teildisziplinen der Interkulturellen Theologie und ihrer Anknüpfungspunkte mit verwandten Disziplinen schlägt Gmainer-Pranzl eine Strukturierung in zwei Leitperspektiven vor, die wiederum in zwei Unterperspektiven unterteilt sind: Unter der *Leitperspektive »Kultur«* sind »konkrete Entwicklungen und Begegnungen«[8], z. B. mit Ansätzen aus Subsahara Afrika, Asien und Lateinamerika, von erkenntnistheologischen Grundlagenfragen zu unterscheiden, worunter zum Beispiel Theorien inter- und transkultureller Vermittlung fallen. Unter der *Leitperspektive »Religion«* geht es bei der *komparativen Theologie* darum, in größtmöglicher Offenheit Vergleiche zwischen unterschiedlichen religiösen Traditionen zu vollziehen,[9] die erkenntnistheologischen Grundlagenfragen werden hier unter dem Begriff *Religionstheologie* thematisiert.

Gmainer-Pranzl vertritt die These, dass die Interkulturelle Theologie für eine »methodische und erkenntnistheoretische Transformation christlicher Glaubensverantwortung [steht], die angesichts eines globalen Lebenshorizonts eine *polyloge* Kompetenz sowie einen *responsiven* Habitus erfordert«.[10] Dabei versteht er unter »polyloger Kompetenz«, dass die christliche Botschaft in ein *vielseitiges*, also über einen *Dialog* hinausgehendes Gespräch mit unterschiedlichsten Anfragen und Kritiken tritt und interkulturelle und interdiskursive Übersetzungen vornimmt. Interkulturelle Theologie zeichne sich dadurch aus, dass sie das »Ungesicherte … unaufhebbarer Pluralität« und das »Irritierende und Befremdliche« des Anderen nicht »zu normalisieren versucht, sondern als Anspruch begreift,

---

[7] Gmainer-Pranzl, Logos, 133.
[8] A.a.O. 137.
[9] A.a.O. 138.
[10] A.a.O. 146.

der die Ordnungen und Plausibilitäten des ›Eigenen‹ zu neuen Antworten nötigt«.[11]

Eine in diesem Sinn polylog und responsiv verfahrende Interkulturelle Theologie besitzt vier zentrale Arbeitsbereiche: Im Rahmen einer *Theorie der Kultur* werden die kulturellen Dimensionen des Glaubens unter Einbeziehung unterschiedlicher Kulturtheorien analysiert, wobei jedweder homogenisierender oder essentialistischer Vorstellung von Kultur und Inkulturation zu widersprechen ist. Unter *Theorie der Religion* werden relevante religionswissenschaftliche Ansätze diskutiert, zu denen Gmainer-Pranzl eine differenzierte Kompetenz zur Wahrnehmung religiöser Heils- und Wahrheitsansprüche und auch die Erfahrungen mit dem interreligiösen Dialog zählt. Unter *Theorie der Gesellschaft* wird die Wechselwirkung zwischen Religion und Gesellschaft interdisziplinär untersucht, wobei die gesellschaftlichen Umbrüche in Afrika, Asien und Lateinamerika und Fragen der Globalisierung besonders im Mittelpunkt stehen. Unter *Theorie der Vernunft* werden schließlich unterschiedliche Konzepte von Rationalität, Identität, »Alterität«, Pluralität und Exteriorität behandelt.[12]

2. Zum Verhältnis des Deskriptiven zum Normativen bei Gmainer-Pranzl

Angesichts der Vielfalt und Unübersichtlichkeit der Diskursstränge, die unter dem Begriff der Interkulturellen Theologie firmieren, sind Ordnungsbemühungen wie die von Gmainer-Pranzl sehr sinnvoll. Auch kann ich den meisten seiner Vorschläge zustimmen, wie etwa dem, die Interkulturelle Theologie primär von der Theologie aus zu verstehen, dabei aber religionswissenschaftliche und -philosophische Kompetenz mit einzubeziehen.

Jedoch möchte ich an einem Punkt nachfragen, der nicht nur für Gmainer-Pranzls Ansatz wichtig ist, sondern darüber hinaus für die Konzeption der Interkulturellen Theologie überhaupt: Wie verhalten sich die deskriptiven, also beschreibenden, zu den normativen, also vorschreibenden oder *wertenden*, Aspekten bei Gmainer-Pranzl? So entstammen die herausgearbeiteten 16 Arbeitsbereiche der Diskurspraxis der Interkulturellen Theologie. Sie stellen also weitgehend (s. dazu unten, 5) wertfreie Beschreibungen dar, und er betont auch explizit, dass

---

[11] Alle Zitate ebd.
[12] Vgl. a.a.O. 147.

mit der aufzählenden Reihung keine Wertungen verbunden sind.[13] Doch die Frage ist, wie sich dazu die Wertungen verhalten, die er voraussetzt. So gehen zum Beispiel die genannten vier Arbeitsschwerpunkte über eine rein beschreibende Zusammenfassung der vorhandenen Diskursstränge hinaus und stellen Schwerpunktsetzungen oder Weiterführungen des Autors selbst dar. Dabei werden aus der Vielfalt der Diskursstränge einige ausgewählt und besonders betont. Deshalb muss kritisch nachgefragt werden, wie diese wertende Auswahl begründet ist.

Dabei möchte ich betonen, dass sich diese kritische Nachfrage *nicht* auf die durch Gmainer-Pranzl vertretenen Inhalte bezieht, sondern auf seine Vorgehensweise. Mir persönlich leuchten diese vier Arbeitsbereiche sehr ein und ich möchte als Kritiker (aufklärerischer) Vernunftkonzeptionen etwa den der »Theorie der Vernunft« keinesfalls missen. Doch muss ich mir als jemand, der den Anspruch vertritt, seine eigenen Voraussetzungen kritisch zu reflektieren, die Rückfrage gefallen lassen, ob der Grund dafür in dem Kontext zu suchen ist, in dem mein Problembewusstsein geprägt ist. Ist die Tatsache, dass mir diese vier Arbeitsbereiche sehr einleuchten, dadurch bedingt, dass ich durch ein westlich[14]-(nach) aufklärerisches Bewusstsein geprägt bin? Doch wie steht es mit kulturell-philosophisch anders geprägten Menschen, die sich am interkulturell-theologischen Diskurs beteiligen? Sehen diese auch derartige Arbeitsbereiche als zentral an? Beziehungsweise wenn das nicht der Fall ist: Ist dann der Geltungsanspruch, dass nun gerade diese vier Arbeitsbereiche zentral für den interkulturell theologischen Diskurs sind, zu relativieren? Stellen sie zentrale Arbeitsbereiche für westlich-(nach)aufklärerisch oder ähnlich geprägte interkulturelle Theologinnen und Theologen dar, aber nicht notwendigerweise für durch andere Kontexte geprägte Theolog(inn)en? Die sehr anregenden Überlegungen Gmainer-Pranzls bedürfen an dieser Stelle weiterer Ausarbeitung.

---

[13] Vgl. a.a.O. 134.
[14] Bernhardts Warnung, dass durch das Schema »›the West and the rest‹ … koloniale Denkformen sublim perpetuiert werden« (Interkulturelle Theologie, 159), halte ich durchaus für berechtigt. Doch denke ich, dass die Frage, ob die Verwendung dieses Schemas kolonialistisch ist oder nicht, von seiner Verwendung abhängt. Ich verwende »westlich« hier nur als – zugegebenermaßen verkürzte – Bezeichnung des Kontextes, in dem mein eigenes Problembewusstsein entstanden ist.

3. (Wittgensteinsche) Familienähnlichkeitsdefinitionen im Anschluss an Gmainer-Pranzl

Um nicht missverstanden zu werden, sei hier betont, dass ich bei dieser Rückfrage nach dem Verhältnis des Deskriptiven zum Normativen bei Gmainer-Pranzl keine Trennung zwischen beiden Aspekten im Auge habe, wie sie unter essentialistischen und vergleichbaren Bedingungen geltend gemacht wird. Ich gehe also nicht davon aus, dass der Begriff der Interkulturellen Theologie eine festgelegte Essenz hat, ein Wesen, das unabhängig von seiner faktischen Verwendungsweise erhoben werden kann. Unter post-essentialistischen Bedingungen ist es vielmehr so, dass die faktische Verwendungsweise einen unabdingbaren Gesichtspunkt zur Begriffsdefinition liefert. So würde zum Beispiel eine Definition des Begriffs »Religion« abgelehnt werden, die nichts mit seiner faktischen Verwendungsweise zu tun hat.

Gleichzeitig ist aber das Faktische allein nicht hinreichend zur Begriffsdefinition. Nicht alle Phänomene, die sich selbst als religiös qualifizieren, sind das auch tatsächlich – man denke etwa an rechtsradikale, rassistische Vereinigungen wie die »Aryan Nation«.[15] Es bedarf also normativer Ressourcen, um aus der Vielfalt der Geltungsansprüche diejenigen herauszufiltern, die berechtigt sind. Kurzum, das Deskriptive und das Normative sind bei Begriffsdefinitionen unter post-essentialistischen Bedingungen immer miteinander verwoben.

Die Frage ist nun, wie sich diese Verwobenheit operationalisieren lässt, wie sie also in eine sinnvolle Begriffsdefinition überführt werden kann. Weit verbreitet ist an dieser Stelle der Rekurs auf Definitionen, die von Wittgensteinschen *Familienähnlichkeiten* ausgehen (»family resemblance definition«[16]). So wird der Religionsbegriff durch eine Liste von Kriterien definiert, wie etwa einen Glauben an transzendente Wesenheiten, Rituale, anthropologische Einsichten (darüber, was gelungenes Menschsein bedeutet), einen bestimmten Zusammenhang zwischen Welterkenntnis/-erklärung und Handeln etc. Der Unterschied zu klassischen essentialistischen Definitionen ist, dass ein Phänomen nicht *alle* Kriterien dieser Liste erfüllen muss, um als »Religion« gelten zu können. Es wird also nicht mehr davon ausgegangen, dass der Begriff »Religion« einen wesenhaften Kern hat, an dem jedes Phänomen teilhaben muss, wenn es denn als Religion

---

[15] Vgl. dazu Wolfgang Lienemann, »World Christianity Forum«. Bericht über eine theologische Konferenz in Boston MA, in: ZMiss 2–3 (2014), 244–255, hier: 251.
[16] Peter B. Clarke/Peter Byrne, Religion Defined and Explained, New York, 1993, 15.

qualifiziert werden soll. So ist es zum Beispiel denkbar, dass Phänomene wie der Taoismus, die keinen Glauben an ein transzendentes Wesen voraussetzen, trotzdem als Religion klassifiziert werden können, wenn sie nur hinreichend viele der anderen Kriterien aus dieser Liste erfüllen.[17]

Zu prüfen ist also, ob ein auf derartigen Familienähnlichkeiten beruhendes Definitionsverfahren hilfreich zur Charakterisierung der Interkulturellen Theologie ist. Zur Anwendung dieses Verfahrens ist eine Liste mit Kriterien zu erstellen, die für den interkulturell-theologischen Diskurs charakteristisch sind, wobei diese Liste selbstverständlich unter Rekurs auf den faktisch stattfindenden interkulturell- theologischen Diskurs zu formulieren ist. Ein Phänomen, das Anspruch darauf erhebt, zum Bereich der Interkulturellen Theologie zu gehören, muss hinreichend viele, aber nicht alle Kriterien dieser Liste erfüllen.

Meine Frage an Gmainer-Pranzl ist, ob er sich nicht de facto einer derartigen Verfahrensweise bedient, auch wenn er diese nicht als Familienähnlichkeitsdefinition benennt. Wenn ja, ist weiter zu fragen, wie die Normierungen, die er vornimmt – also z. B. die Reduktion auf vier grundlegende Arbeitsbereiche der Interkulturellen Theologie –, begründet sind.

An dieser Stelle ist darauf hinzuweisen, dass Familienähnlichkeitsdefinitionen zwar manche Probleme klassischer Definitionsverfahren lösen, aber doch kein Patentrezept darstellen. Auch bei ihrer Anwendung stellen sich Normierungsprobleme. Diese bestehen darin, dass aus der Vielfalt der Kriterien, die ein Phänomen erfüllen muss, wenn es unter die fragliche Kategorie fallen will, immer noch ausgewählt werden muss. Dabei stellen sich die Fragen, wie viele Kriterien aus der Liste ein Phänomen erfüllen muss, wenn es unter die fragliche Kategorie fallen soll, und ob alle Kriterien gleichgewichtig sind oder ob bestimmte Kriterien zentrale Funktionen haben als andere. Konkret ist etwa zu fragen, ob von den 16 Bereichen, die Gmainer-Pranzl nennt, etwa der der Spiritualitätsforschung dasselbe Gewicht hat wie der der komparativen Theologie – oder ob Letztere nicht stärkeres Gewicht haben muss bei der Charakterisierung der Interkulturellen Theologie.

---

[17] Vgl. a.a.O. 11–15.

4. »Offenheit für Anderes« als wichtiges Kriterium der Interkulturellen Theologie

Im Folgenden möchte ich an diese Überlegungen anschließen und modellhaft ein Kriterium diskutieren, das meines Erachtens einen wichtigen Platz auf der Liste der Kriterien zur Definition der Interkulturellen Theologie einnehmen sollte. Dabei denke ich daran, dass das Andere oder Fremde nicht als »Störfall, der behoben werden müsste, sondern … [als] Stachel, der neue Erkenntnis provoziert und zu kreativem Handeln anleitet«,[18] anzusehen ist. Im Folgenden fasse ich dieses Kriterium als »Offenheit für Anderes« zusammen. Wie kann dieses Kriterium nun als grundlegend für die Interkulturelle Theologie begründet werden?

Ein wichtiger Begründungsstrang dürfte im Bereich des Historischen beziehungsweise der Lehren, die aus der Geschichte zu ziehen sind, zu suchen sein. Damit meine ich etwa die »Verquickung von politischem Kolonialismus und kirchlicher Mission«[19] und Ähnliches. Vor allem das seit den 1960er-Jahren zunehmende Bewusstsein, dass Mission in diesem Zusammenhang zur Legitimation großen Unrechts missbraucht worden ist, und Versuche, nichteuropäischen Völkern mit dem Glauben zugleich auch »die Zivilisation« zu bringen, einen Akt des Imperialismus darstellen, sind damit gemeint. Diese Einsichten liegen der Interkulturellen Theologie zugrunde, vor allem ihrer Entstehung aus der klassischen Missionswissenschaft.

Zu diesen historischen Einsichten kommt die der *Relativität klassischer Absolutheitsansprüche* hinzu.[20] Damit ist die Einsicht gemeint, dass klassisch absolutistische Wahrheits-, Geltungs- und Wertansprüche, wie sie Zivilisationsideologien und Ähnlichem zugrunde liegen, heutzutage fragwürdig geworden sind. Unter heutigen Denkbedingungen ist es kaum vorstellbar, noch ungebrochen zu behaupten, dass »wir« die absolute Wahrheit und die kulturübergreifend richtigen Wertvorstellungen besitzen, sodass abweichende Wahrheits- oder ethische Ansprüche zwangsläufig falsch sein müssen. Die Relativierung absolutistischer Geltungsansprüche ist meines Erachtens ein »Zeichen der Zeit«, eine grundsätz-

---

[18] Gmainer-Pranzl, Logos, 146.
[19] A.a.O. 141.
[20] Gmainer-Pranzl scheint Ähnliches im Sinn zu haben, wenn er vom »Unabgeschlossen[en] unaufhebbarer Pluralität« (a.a.O. 146) spricht.

liche geistige Rahmenbedingung, in der jedenfalls die westlich-(nach)aufkläre-
rischen kulturell-philosophischen Denkleistungen kulminieren.[21]

Für eine derartige Relativierung sprechen nicht zuletzt auch biblisch-christli-
che Gründe – beziehungsweise, da der Begriff »biblisch-christlich« einen Rest-
essentialismus impliziert, des Genaueren: Dafür spricht eine Lesart der biblischen Quellen, die sich unter den Zeichen der heutigen Zeit nahelegt. Ich denke
dabei an Theologumena wie den *eschatologischen Vorbehalt*, insbesondere dessen erkenntnistheoretische Implikationen, wie sie exemplarisch in 1. Kor. 13, 12
zum Ausdruck kommen: Unser Erkennen *ist* Stückwerk, sodass es vermessen
wäre zu behaupten, wir wären schon im Besitz der ganzen Wahrheit.

In eine ähnliche Richtung weist auch die Christologie – jedenfalls dann, wenn
die Bedeutung des Christus-Seins Jesu darin gesehen wird, traditionelle Absolutheitsansprüche zu unterminieren. Ein Beispiel dafür ist Paul *Tillich*, der die
Letztgültigkeit der Offenbarung in Jesus dem Christus darin sieht, alle Unbe-
dingtheitsansprüche zu relativeren. Tillich nennt diese Ansprüche »dämonisch«,
da sie für endliches Sein Unbedingtheit einfordern. Die Bedeutung des Christus-
Seins von Jesus liegt nach Tillich nun gerade darin, der dämonischen Versuchung – etwa der Versuchung, dem Selbstopfer auszuweichen, wie es Jesu Jünger
fordern – widerstanden zu haben.[22]

Kurzum, unter den genannten Bedingungen, also der »historischen« und der
der Relativierung absoluter Geltungsansprüche aus »christlichen« wie auch kulturell-philosophischen Gründen, legt sich eine Offenheit für Anderes nahe. Das
Andere ist eben nicht nur als »Störfall« oder als defizitäre Form des Eigenen
anzusehen, sondern als jedenfalls potentielle Lernquelle. Es ist »Störfaktor« im
positiven Sinn des Wortes, stellt also eine Herausforderung dar, eingefahrene
und möglicherweise verkehrte Formen des Christ-Seins zu überprüfen. Das Bewusstsein der – klassisch-christlich ausgedrückt – menschlichen Sündhaftigkeit
und dessen erkenntnistheoretische Konsequenzen nötigen dazu, die eigenen Voraussetzungen selbstkritisch im Horizont anderer Voraussetzungen zu reflektieren.

---

[21] Diesen Punkt habe ich in Reconstructing Intercultural Theology in Light of the Historicity of Thinking:
Remarks on the Current German Discussion from a Philosophical Point of View (erscheint demnächst)
unter einem doppelten Gesichtspunkt ausgearbeitet, dem der Geschichtlichkeit des Denkens und des
ethnozentrischen Charakters aller Begründungen.

[22] Vgl. Paul Tillich, Systematische Theologie, Band I, Stuttgart 1956², 159; und dazu Dirk-Martin Grube,
Die christologische Relativierung absoluter Geltungsansprüche. Zu Paul Tillichs Auseinandersetzung mit
den nicht-christlichen Religionen und der Unterscheidung zwischen Exklusivismus, Inklusivismus und
Pluralismus, in: Religionstheologie und interreligiöser Dialog (Internationales Jahrbuch für die Tillich-
Forschung, 5 (2009), hg. v. C. Danz/W. Schüßler u. a.), Wien/Münster 2010, 109–128.

Zu prüfen ist also, was für eine Funktion ein derartiges Kriterium auf der Liste derjenigen Kriterien innehat, die die Interkulturelle Theologie mit Hilfe von Familienähnlichkeitsdefinitionen charakterisieren. Meines Erachtens kommt diesem Kriterium aus den genannten Gründen eine zentrale Funktion zu, und ich verstehe Gmainer-Pranzls Überlegungen in eine ähnliche Richtung weisend. Doch wie zentral ist dieses Kriterium genau? Kann es etwa als *conditio sine qua non* jeder interkulturellen Theologie aufgefasst werden? Zwar stellt es sicherlich keine hinreichende Bedingung dieser Theologie dar, da es auch andere Phänomene gibt, die dieses Kriterium erfüllen und nicht theologisch sind (etwa die interkulturelle Philosophie). Doch stellt es eine notwendige Bedingung jeder verantwortungsbewussten interkulturellen Theologie dar?[23]

II. Der wissenschaftstheoretische Ort der Interkulturellen zwischen systematischer Theologie und Religionswissenschaft: Zur Normativität der Interkulturellen Theologie

In diesem Abschnitt diskutiere ich drei Ansätze, die die Interkulturelle Theologie ins Verhältnis zur systematischen Theologie beziehungsweise Religionswissenschaft setzen, und schließe mit Überlegungen zu ihrer normativen Gestalt im Anschluss an Schleiermacher ab.

5. Die Interkulturelle Theologie im Spannungsfeld zwischen systematischer Theologie und Religionswissenschaft (Bernhardt, Wijsen und Feldtkeller)

Bernhardt, der den Lehrstuhl für Systematische Theologie/Dogmatik an der Universität Basel innehat, analysiert das Verhältnis der Interkulturellen Theologie zur systematischen Theologie. Er plädiert dabei für deren stärkere normative Ausrichtung. Diese soll aus ihrer rein kulturwissenschaftlichen Orientierung heraustreten und zu dem von ihr gesichteten Material auf reflektierte Weise Stellung beziehen, sich also wertend betätigen. Anderenfalls würde sie das kritische

---

[23] Wenn ja, ist im Übrigen nachzufragen, ob in diesem Fall Familienähnlichkeitsdefinitionen sogar überboten werden, da diese normalerweise ohne unabdingbare Kriterien auskommen.

Urteilen der Systematischen Theologie überlassen und sich damit wichtiger Funktionen im theologischen Diskurs berauben.

Eine derartige Aufgabenbeschreibung impliziert, die Interkulturelle Theologie stärker von der Religionswissenschaft abzurücken, als es bisher der Fall ist, und sie in die Richtung der Systematischen Theologie weiterzuentwickeln. Endpunkt dieser Entwicklung ist, die Interkulturelle Theologie als »eigenständige Brückendisziplin zwischen Systematischer Theologie und Religionswissenschaft«[24] zu etablieren.

Frans *Wijsen*, der den Lehrstuhl für Empirical and Practical Religious Studies an der Fakultät für Philosophie, Theologie und Religionswissenschaft der Radboud Universität in Nijmegen, Niederlande, innehat, diskutiert das Verhältnis der Interkulturellen Theologie zur Religionswissenschaft. Zunächst gibt er einen Überblick über die Entwicklung des Faches in den Niederlanden und die Geschichte der Religionswissenschaft.[25] Die klassische Unterscheidung zwischen (Interkultureller) Theologie und Religionswissenschaft, wonach Erstere eine »emic« oder »Insider«-Perspektive beinhaltet, Letztere eine »etic« oder »Outsider«-Perspektive, lehnt Wijsen als naiv ab.[26] Er vertritt eine Unterscheidung zwischen einer hermeneutischen Position innerhalb der Religionswissenschaft, die interpretierend verfährt und mit der Theologie gleichgesetzt werden kann, und einer empirischen Position, die erklärend vorgeht. Wijsen betont, dass die Erste nicht als »unwissenschaftlich« bezeichnet werden kann. Obwohl beide unterschiedliche Perspektiven und Sichtweisen auf die Wissenschaft voraussetzen, sieht er persönlich keinen großen Unterschied zwischen ihnen und erklärt, dass er es nicht als Problem erfährt, in beiden Wissenschaftssprachen ernst genommen zu werden.

Auch Andreas *Feldtkeller*, der Lehrstuhlinhaber für Missions- und Religionswissenschaft sowie Ökumenik an der Humboldt-Universität in Berlin, diskutiert das Verhältnis zwischen Interkultureller Theologie und Religionswissenschaft. Allerdings setzt er anders an als Wijsen, insofern er das Verhältnis dezidiert aus der Perspektive der Interkulturellen Theologie analysiert.

Diese fasst Feldtkeller als Teildisziplin der Theologie auf. Dabei betont er, dass die traditionellen Unterscheidungen zwischen Theologie und Religionswis-

---

[24] Bernhardt, Programmatik, 171.
[25] Frans Wijsen, Interkulturelle Theologie und Religionswissenschaft, in: ZMiss 2–3 (2014), 219–229, hier: vgl. 219–225.
[26] Vgl. a.a.O. 225.

senschaft nicht greifen: Weder können diese anhand ihrer Methoden noch ihrer wissenschaftlichen Fragestellungen oder Gegenstände trennscharf unterschieden werden. Wie auch Wijsen lehnt Feldtkeller die Ansicht ab, Theologie würde eine Binnensicht, Religionswissenschaft eine Außensicht auf Religion vertreten. Stattdessen betont Feldtkeller, das Unterscheidungsmerkmal bestehe darin, dass die Theologie einen spezifischeren Zweck hat als die Religionswissenschaft. Um das zu verdeutlichen, greift er auf Schleiermachers berühmte Funktionsbestimmung der Theologie zurück: Die Theologie ist diejenige Auswahl aus den wissenschaftlichen Wissensbeständen und Kompetenzen, die für das die Kirche beziehungsweise die Gemeinde leitende und gestaltende Handeln erforderlich ist.[27] Die Religionswissenschaft ist dagegen keinem vergleichbaren Zweck zugeordnet.

Zusammenfassend lässt sich festhalten, dass alle drei Ansätze die normativen Aspekte an der Interkulturellen Theologie betonen und diese wissenschaftstheoretisch in der Nähe der Theologie verorten. Auch Wijsen vertritt zumindest implizit diese Verortung, da er die Interkulturelle Theologie zwar im Zusammenhang mit der Religionswissenschaft diskutiert, dabei aber die Unterscheidung zwischen Religionswissenschaft und Theologie weitgehend relativiert. Dieser Konsens über die Verortung der Interkulturellen Theologie in der Nähe der Theologie ist insofern bemerkenswert, als noch 1999 auf einer Konferenz in Lund vorgeschlagen wurde, jedenfalls die Missionswissenschaft aus der Theologie auszugliedern.[28]

6. Zur Normativität der Interkulturellen Theologie und deren wissenschaftstheoretischer Verortung

Dass die drei genannten Ansätze den normativen Aspekt an der Interkulturellen Theologie betonen, ist sehr zu begrüßen, da dadurch die Praxis des interkulturell-theologischen Diskurses adäquat wiedergegeben wird: Diese beruht selbstverständlich auf Normierungen. Besonders schätze ich, dass alle drei derart offensiv mit der Werthaltigkeit der Interkulturellen Theologie umgehen und sich

[27] Andreas Feldtkeller, Interkulturelle Theologie und Religionswissenschaft, in: ZMiss 2–3 (2014), 231–243, hier: vgl. 233.
[28] So Ustorf in Rethinking Missiology, in: A. Houtepen/A. Ploeger (Hg.), World Christianity Reconsidered. Questioning the Questions of Ecumenism and Missiology, Zoetermeer 2001, hier: 67–78, vgl. 76.)

nicht durch Wertfreiheitspostulate – die wissenschaftstheoretisch sowieso überholt sind –, verleiten lassen, die normativen Anteile der Interkulturellen Theologie herunterzuspielen.

Doch so sehr einerseits der Ablehnung klassischer Wertfreiheitspostulate zuzustimmen ist, so darf diese andererseits doch nicht zu einem unreflektierten Umgang mit Wertansprüchen führen.[29] Um zu einem differenzierten Umgang beizutragen, unterscheide ich im Folgenden zwischen verschiedenen Arten von in der Wissenschaft auftretenden Wertansprüchen (A–C). In D zeichne ich in das auf diese Weise entstandene Bild die (Interkulturelle) Theologie und die Religionswissenschaft ein.

A) Zunächst ist zwischen Normativität, die im Wissenschaftsbetrieb *vorausgesetzt*, und solcher, die eigens zum *Gegenstand der Diskussion* gemacht wird, zu unterscheiden. Hinsichtlich der ersten ist festzuhalten, dass die klassische Diskussion, wie sie von den Vertretern der Frankfurter Schule, des Kritischen Rationalismus und anderen geführt worden ist, gezeigt hat, dass alle Arten wissenschaftlichen Vorgehens normative Vorgaben voraussetzen. Diese zeigen sich in der Auswahl des Materials, in den verwendeten Kategorisierungen und Ähnlichem.

Insofern alle Wissenschaften normative Vorgaben voraussetzen, setzt auch die Religionswissenschaft normative Vorgaben voraus. Diese zeigen sich etwa in der Auswahl des Materials, aber auch in den impliziten Wertungen, die die Religionswissenschaft vornimmt, in ihrer Abgrenzung zwischen Religion und Nicht-Religion[30] und Ähnlichem. Insofern die Religionswissenschaft normative Voraussetzungen in Anspruch nimmt und die Theologie diese selbstverständlich auch macht, kann das Unterscheidungskriterium zwischen beiden nicht im Bereich der *vorausgesetzten* Normativität liegen. Dieses ist also an einem anderen Ort zu suchen.

Dennoch ist es sinnvoll, auf die Tatsache hinzuweisen, dass die Religionswissenschaft bestimmte normative Vorgaben voraussetzt, um »naive« Wertfreiheitspostulate abzuwehren. Genauer gesagt ist die Identifikation von Wertfreiheit mit bestimmten Superioritätsansprüchen, vor allem dem der Wissenschaftlichkeit, dadurch zu relativieren. Es ist also nicht so, dass die Religionswissen-

---

[29] Diese Warnung bezieht sich nicht auf die aktuelle Diskussion in der Interkulturellen Theologie, sondern hat allgemeinen Charakter und ist genährt von der klassischen Diskussion, wie sie im Anschluss an Max Weber über die Wertfreiheit der Wissenschaft geführt worden ist.
[30] Vgl. dazu Feldtkeller, Interkulturelle Theologie, 237 und 241.

schaft wertfrei und deshalb wissenschaftlich verfährt und die Theologie Wertvoraussetzungen macht und deshalb unwissenschaftlich ist. Auch wenn selbstkritische Religionswissenschaftler(innen) das einsehen, werden zum Beispiel in der niederländischen Religionswissenschaft derartige Superioritätsansprüche doch bisweilen noch vertreten und vor allem von den hiesigen Forschungseinrichtungen bisweilen perpetuiert. Der Hinweis, dass die Religionswissenschaft auch auf normativen Vorgaben beruht, ist also sinnvoll, da er zur kritischen Selbstreflexion anleitet. Er zeigt, dass die Religionswissenschaftlerin zumindest zu näherer Begründung verpflichtet ist, wenn sie die Wissenschaftlichkeit der Religionswissenschaft mit ihrer Wertfreiheit begründen möchte.

B) Bei der *zweiten Art der Normativität*, also derjenigen, die Wertungen zum Gegenstand ihrer wissenschaftlichen Forschung macht, ist zu unterscheiden zwischen solchen Vorgehensweisen, bei denen Wertungen auf der Objektsprache thematisiert werden, und solchen, bei denen Wertungen in der *Metasprache* – also der, in der die objektsprachlichen Befunde thematisiert werden –, auftauchen. So spielen zum Beispiel bei einer Geschichte der Ethik Wertungen eine zentrale Rolle, insofern sie Gegenstand der Forschung sind. Doch tauchen diese Wertungen auf der Ebene der Objektsprache auf, wohingegen die Metasprache, mit deren Hilfe diese Wertungen thematisiert werden, nicht notwendigerweise werthaltig ist. Genauer gesagt, da auch die Metasprache aus den genannten Gründen normative Vorgaben macht (etwa in der Auswahl des zu behandelnden Materials): Bei einer Geschichte der Ethik kann die Metasprache in dem Sinn relativ wertfrei sein, in dem Geschichte überhaupt relativ wertfrei sein kann.

Davon zu unterscheiden sind Vorgehensweisen, bei denen die Metasprachen selbst (stark) werthaltig sind. Das ist dann der Fall, wenn der Zielpunkt der Argumentation nicht in einer Beschreibung der Entwicklung der Ethik, sondern in ethischen Vorgaben selbst beruht, wenn also etwa Vorschläge gemacht werden, worin richtiges Handeln besteht. Ein Beispiel für einen derartigen ethischen Entwurf ist John Rawls Theorie der Gerechtigkeit.

C) Innerhalb der Klasse der Vorgehensweisen, deren Metasprachen stark werthaltig sind, sind eigentlich ethische Entwürfe von solchen zu unterscheiden, die auf die *gute Ausübung einer Praxis* zielen. Beispiele für Letztere sind etwa die Hermeneutik oder die Erkenntnistheorie. So zielt ein hermeneutischer Entwurf wie etwa derjenige Rudolf Bultmanns auf *gutes* Verstehen ab, ein erkenntnistheoretischer Entwurf wie etwa derjenige Immanuel Kants auf *gute* Erkenntnis. Im Gegensatz zu einer Geschichte der Hermeneutik oder Erkenntnistheorie oder der Erkenntnispsychologie oder -soziologie geht es bei Bultmann und Kant um die *gute* Ausübung der jeweiligen Praxis – wobei die weitere Definition von »gut« natürlich gegenstands- und theorieabhängig ist.

Da Normativität bei auf die gute Ausübung einer Praxis zielenden Vorgehensweisen zumeist stärker mit deskriptiven Aspekten verbunden ist als bei auf das richtige Handeln zielenden Vorgehensweisen, nenne ich Erstere *»sanfte Normativität«*, die zweite *»starke Normativität«*. Die Hermeneutik und Erkenntnistheorie verwenden also sanfte Normierungen, die Ethik starke Normierungen.

D) Mein Vorschlag ist nun, die Theologie als zur Klasse derjenigen Vorgehensweisen gehörend einzustufen, bei denen die Metasprachen selbst werthaltig sind. Selbstverständlich ist das keine umfassende Beschreibung der Theologie in enzyklopädischem Sinn – die Theologie enthält auch Subdisziplinen und Vorgehensweisen, bei denen die Metasprachen weniger werthaltig sind, etwa in Gestalt der Kirchengeschichte und Exegese. Doch mein Punkt ist, dass an dieser Stelle das Unterscheidungskriterium zur Religionswissenschaft zu suchen ist: Die Theologie enthält werthaltige metasprachliche Ansprüche, die auf die gute Ausübung einer Praxis zielen, in diesem Fall der christlichen. Sie ist also vergleichbar mit der Hermeneutik und Erkenntnistheorie, insofern auch sie *sanfte Normierungen* impliziert. Zusätzlich enthält sie *auch starke Normierungen*, insofern sie in Gestalt der theologischen Ethik auch handlungsrelevante Wertungen beinhaltet.

In diesem Sinn rekonstruiere ich die Implikationen[31] der Aussagen Schleiermachers zur Positivität der Theologie und ihrer kirchenleitenden Funktion. Nach Schleiermacher ist die *raison d'etre* der Theologie in ihrer Zweckbestimmung zu suchen, in der Ausübung einer guten christlichen Praxis. Genauso wie die verschiedenen Subdisziplinen der Medizin und Jurisprudenz ihre Einheit und Legitimität im Wissenschaftsbetrieb durch ihre jeweiligen Zweckbestimmungen finden, findet auch die Theologie ihre *raison d'être* durch ihre Funktion: Es geht bei ihr um die gute Ausübung der Praxis der Kirchenleitung.[32]

Das ist genau der Punkt, den Feldtkeller überzeugend herausarbeitet und den auch ich betonen möchte: Der Unterschied zur Religionswissenschaft liegt in der stärkeren Zweckgebundenheit der Theologie, also darin, dass sie mehr und deut-

---

[31] Es ist insofern nur eine *Implikation*, als der Zielpunkt von Schleiermachers Argumentation vor allem die *Einheit* der Theologie und damit deren Legitimität als zusammenhängendes Fach im Rahmen des Wissenschaftskanons – die anderenfalls nicht gewährleistet wäre – ist, nicht so sehr deren Abgrenzung von benachbarten Fächern.

[32] Vgl. Friedrich Schleiermacher, Kurze Darstellung des theologischen Studiums zum Behuf einleitender Vorlesungen, hg. v. H. Scholz, Leipzig 1910.

licher festgelegte sanfte und, als theologische Ethik, auch starke Normierungen verwendet als es bei der Religionswissenschaft der Fall ist.[33]

Dasselbe gilt auch für die Interkulturelle Theologie, weshalb sie als Unterteil der Theologie anzusehen ist: Auch die Interkulturelle Theologie zielt auf die gute Ausübung einer Praxis sowie das richtige Handeln – insofern sie auch ethische Implikationen enthält – und unterscheidet sich dadurch von der Religionswissenschaft. Die »gute Ausübung« der Praxis besteht in diesem Fall in der Einbeziehung des *weltweiten* Christentums mit seinen unterschiedlichen kulturellen Prägungen unter besonderer Berücksichtigung bisher marginalisierter christlicher Stimmen.

7. Abschließende Würdigung

Abschließend möchte ich noch kurz skizzieren, was mit dieser auf Schleiermacher beruhenden Abgrenzung der (Interkulturellen) Theologie erreicht ist und was nicht.

Festzuhalten ist zunächst, dass mit dem Aufweis ihrer funktionalen Differenz die Abgrenzung zwischen der Interkulturellen Theologie und der Religionswissenschaft gegeben ist. Wenn Religionswissenschaft und Theologie als zwei Pole einer Skala abgebildet werden, ist die Interkulturelle Theologie also näher am Pol »Theologie« anzusiedeln als am Pol »Religionswissenschaft«.

Dabei sind allerdings sogleich eine Reihe von Präzisierungen und Qualifizierungen hinzuzufügen: Diese funktionale Abgrenzung ist nur ein – allerdings zentraler – Gesichtspunkt bei der Verhältnisbestimmung zwischen interkultureller Theologie und Religionswissenschaft. Betrachtet man dieses Verhältnis aus anderen Gesichtspunkten heraus, etwa dem der Berücksichtigung interkultureller Fragestellungen, rückt die Interkulturelle Theologie wieder näher an den Pol Religionswissenschaft heran – jedenfalls insofern diese interkulturell-philosophische oder -hermeneutische Fragestellungen berücksichtigt.[34]

---

[33] Vgl. dazu Feldtkellers instruktives Beispiel der unterschiedlichen Sichtweisen, die die Theologie und die Religionswissenschaft auf das Zurücktreten egalitärer Tendenzen in der Kirche des 4. Jahrhunderts haben.

[34] Wobei dieses Urteil auch genauerer Diskussion bedürfte, insofern die Theologie ja nicht intrinsisch desensibel gegenüber interkulturellen Fragestellungen ist. Stattdessen hat sich etwa in der Geschichte der systematischen Theologie eine Tradition herausgebildet, die weniger auf interkulturelle Fragestellungen abhebt. Doch kann ich die Gründe dafür hier nicht näher diskutieren.

Des Weiteren ist auch zu betonen, dass die Verortung der Interkulturellen Theologie in der Nähe des Pols »Theologie« nicht nur für deren christliche Variante gilt, sondern auch für andere Theologien. Das Prinzip »Kirchenleitung« kann selbstverständlich – als funktionales Abgrenzungskriterium – problemlos übertragen werden auf die gute Ausübung der Praxis der Synagogen-, Moscheen- und Tempelleitung. Aus der niederländischen Perspektive mit ihrer im Verhältnis zur deutschen stärkeren Säkularisierung ist eine jüdische, islamische, hinduistische … interkulturelle Theologie wünschenswert.

Schließlich ist auch noch darauf hinzuweisen, dass mit dem Verweis auf die gute Ausübung einer Praxis ein *Abgrenzungs-* aber noch kein inhaltliches Kriterium gegeben ist, wie denn nun die Interkulturelle Theologie ausgeübt werden soll. Das heißt, mit dem Verweis auf ihre stärkere Zweckbestimmung wird die Interkulturelle Theologie funktional von der Religionswissenschaft abgegrenzt, aber es wird noch nicht festgelegt, worin denn nun die Qualität dieser Praxis besteht, was genau sie also als »gut« auszeichnet.

Um diesen Punkt an obigem Beispiel des Dämonenglaubens zu erläutern: Damit ist noch nicht entschieden, ob die gute Ausübung der interkulturell theologischen Praxis nun darin besteht, diesen Glauben als Herausforderung an westlich geprägtes christliches Denken anzusehen oder diesen als lebensfeindlich zu verurteilen. Es sind also noch keine Kriterien gegeben, die diese Frage beantworten oder gar grundsätzlich das, was das Christentum auszeichnet, festlegen können.

Wenn ich es recht sehe, macht Feldtkeller ansatzweise einen Versuch, Schleiermachers Kriterium »Kirchenleitung« auch als basale inhaltliche Spezifikation zu verwenden. Er argumentiert, dass kirchenleitendes Handeln von Anfang an auf eine »Gemeinschaft von Menschen aus allen Völkern«[35] abgehoben hat. Der Erhalt dieser Sozialform, bei der kulturelle und ethnische Herkunft kein Zugangskriterium ist, spielt bei der Theologie eine wesentlich wichtigere Rolle als bei der Religionswissenschaft.[36]

Obwohl ich diesen Versuch nicht nur sympathisch, sondern auch interessant finde, möchte ich doch zur Zurückhaltung gegenüber Versuchen mahnen, das Abgrenzungskriterium der Kirchenleitung zugleich als inhaltliches Kriterium zu verwenden. Dabei sind nämlich eine ganze Reihe kritischer Fragen zu stellen: Abgesehen von der Frage, ob damit nicht Schleiermachers Kirchenleitungsbe-

---

[35] Feldtkeller, Interkulturelle Theologie, 235.
[36] Vgl. ebd.

griff überstrapaziert ist, stellt sich die Frage, woher wir denn wissen, dass die Sozialform, die die Kirche vom 1.-3. Jahrhundert favorisiert hat, normativ für die interkulturelle Theologie ist.

Mein Kritikpunkt besteht, wie gesagt, nicht darin, dass ich diese Sozialform für nicht wünschenswert aus christlicher Perspektive erachte, sondern darin, dass Feldtkeller das Abgrenzungskriterium zugleich auch als inhaltliches Kriterium verwendet. Stattdessen sehe ich die Frage, ob diese Sozialform für das Christliche charakteristisch ist, als dezidiert *theologische* Frage an. Ihre Beantwortung hängt von theologischen Entscheidungen ab, nicht von der Verwendung eines bestimmten Abgrenzungskriteriums.

Dieses sollte dagegen bewusst allgemein gehalten werden: Die Theologie verwendet sanfte Normierungen im Sinn der Hermeneutik und Erkenntnistheorie sowie auch starke Normierungen im Sinn der Ethik und unterscheidet sich dadurch von der Religionswissenschaft. Aber die inhaltliche Spezifizierung dieser Normierungen sollte in dem Sinn offen gelassen werden, in dem es sinnvoll ist zu behaupten, dass sich die Ethik von einer Geschichte der Ethik durch ihre stärkeren metasprachlichen Normierungen unterscheidet – also ohne dabei zu determinieren, worin diese Normierungen bestehen.

(Prof. Dr. Dirk-Martin Grube ist Professor für Religious Diversity and the Epistemology of Theology/Religion an der VU University Amsterdam)

ABSTRACT

In this article I comment on the recently published volume of ›Interkulturelle Theologie‹ (2–3/2014) which deals with foundational issues in intercultural theology. First, I take up Gmainer-Pranzl's suggestion to define the pursuit of intercultural theology along the lines of four basic domains of inquiry (sections 1 and 2). In section 3 I delve into Wittgensteinian family resemblance definitions. In section 4 I suggest that the criterion ›openness‹ for (the) other‹ should play a crucial role when defining ›intercultural theology‹. In section 5 I discuss the attempts by Bernhardt, Wijsen and Feldtkeller to locate intercultural theology between systematic theology and the study of religion. In section 6 I provide a distinction between different kinds of normativity. Following Feldtkeller's use of Schleiermacher, I argue that the crucial difference between theology – and thus intercultural theology as being a subspecies of theology – is that theology is driven by a particular kind of normative interest (sections 6 and 7).

Theologische Weiterbildung für Migrationskirchen

»Damit wir eins sind in Christus«

Verschiedene reformierte Kirchen der Deutschschweiz führen in Zusammenarbeit mit dem Fachbereich Aussereuropäisches Christentum der Theologischen Fakultät der Universität Basel eine wissenschaftlich fundierte, praxisrelevante theologische Weiterbildung für Leitende und Mitarbeitende von Migrationskirchen durch. Für die Konzeptionierung des Kurses war es hilfreich, dass in Deutschland seit längerem Weiterbildungskurse für Migrationskirchen durchgeführt werden (z. B. African Theological Training in Germany ATTiG, Mission Süd-Nord MiSüNo). Der Pilotkurs in der Schweiz dauerte von Juni 2013 bis Juni 2014 und umfasste 10 Kurswochenenden. Er wurde von allen 15 Kursteilnehmenden mit Erfolg abgeschlossen. In der Fortsetzung ist im August 2014 ein Pilotkurs II angelaufen, der von 16 Teilnehmenden besucht wird, 6 der Teilnehmenden haben auch am Pilotkurs I teilgenommen. Das zweite Kursjahr soll eine inhaltliche und methodische Vertiefung der einzelnen Fächer ermöglichen und die Teilnehmenden schrittweise an die Lektüre theologischer Texte und an die Verfassung eigener kurzer Texte heranführen. Im Unterschied zum ersten Kurs wird ein Querschnittthema zugrunde gelegt (»Gott des Lebens, weise uns den Weg zu Gerechtigkeit und Frieden«, ÖRK Busan 2013).

Mit allen Teilnehmenden wurden ausführliche Aufnahmegespräche geführt. Abgeklärt wurde insbesondere, ob jemand bereits über mehrere Jahre ein kirchliches Amt bekleidet, ob die Kirche den Kursbesuch unterstützt sowie ob die Deutschkenntnisse ausreichen (Kurssprache ist Deutsch). Die Teilnehmenden kommen aus über zehn verschiedenen Migrationskirchen in den Kantonen Aargau, Basel, Bern und Zürich. Erfreulich ist neben der regionalen Aufteilung auch das ausgeglichene Geschlechterverhältnis sowie die Vielfalt der Herkunftsländer: Äthiopien, DR Kongo, Angola, Togo, Nigeria, Chile, Peru, Kolumbien, Brasilien, Jamaica, Irak und Philippinen. Theologisch bilden beide Kursgruppen ein breites Spektrum der ökumenischen Bewegung ab: Nebst vielen charismatisch-evangelikal geprägten Teilnehmenden sind auch ChristInnen aus altorientalischen Kirchen und aus der methodistischen Kirche vertreten. Die Kursteilnehmenden bekleiden in ihren Kirchen ganz verschiedene Ämter: Nebst PastorInnen sind auch Leitende von Frauengruppen, Musikgruppen sowie Finanzverantwortliche vertreten.

Die Teilnehmenden betrachten es als Privileg und grosse Chance, den Kurs besuchen zu dürfen. Entsprechend hoch sind Motivation und Engagement, obschon es für alle eine Herausforderung bedeutet, die Mehrfachbelastung Beruf, Familie, Kirche und Theologiekurs zu bewältigen.

>Ich betrachte meine Teilnahme an diesem Kurs als Gottes Geschenk. Es hat meine Augen geöffnet, indem meine Haltung gegenüber anderen Kirchen offener und toleranter geworden ist. Ich habe in kurzer Zeit viel gelernt.< (Pastorin einer philippinischen Kirche)

Das Curriculum der Weiterbildung orientiert sich am klassischen Fächerkanon des universitären Theologiestudiums, wobei in der Regel für jedes Fach ein Wochenende zur Verfügung steht. Wie erwartet, ist das Interesse der Kursteilnehmenden für das Neue Testament sowie für die Fächer der praktischen Theologie besonders ausgeprägt, für andere Fächer wie Altes Testament oder Kirchengeschichte musste und konnte das Interesse erst geweckt werden. Für jedes Kurswochenende wurden ein bis zwei fachspezifische, externe Dozierende engagiert, die die insgesamt fünf Unterrichtseinheiten unter sich aufteilten. Angefragt wurden wissenschaftlich ausgewiesene, dialogfähige Persönlichkeiten: Universitätsprofessorinnen und -professoren, wissenschaftliche Assistenten und Assistentinnen, Fachmitarbeitende und Pfarrpersonen.

Die zehn Kurswochenenden dauern jeweils von Freitagabend bis Samstagabend und finden in kirchlichen Bildungshäusern der reformierten Kantonalkirchen statt. Übernachtung, gemeinsame Mahlzeiten und an einem Ort gemeinsame Tagzeitengebete gehören dazu. Diese Kursstruktur bedeutet einen beträchtlichen finanziellen Aufwand, hat jedoch einen unüberschätzbaren Wert: Neben den Unterrichtseinheiten gibt es Zeit für gemeinsames Beten und Musizieren und für persönlichen Austausch zwischen den Kursteilnehmenden.

Der Kurs wird vor allem von den reformierten Kantonalkirchen der Deutschschweiz fast ganz subventioniert. Die Teilnehmenden bezahlen einen Kursbeitrag, der im Rahmen ihrer Möglichkeiten liegt.

Nach Abschluss des ersten Kursjahres und in der Hälfte des zweiten Jahres stehend, machen die Teilnehmenden als »grössten Gewinn« auf der einen Seite den Erwerb von theologischem Wissen aus und auf der anderen Seite das gewachsene Verständnis für andere theologische Traditionen – die reformierten Schweizer Kirchen sowie andere Migrationskirchen. Mehr als die Hälfte fühlt sich durch den Kurs in der Arbeit in der eigenen Kirche gestärkt, indem sie innere Sicherheit gewonnen haben und neue Ideen entwickeln konnten. Etwa ein Drittel der Teilnehmenden wünscht sich, bei den einzelnen behandelten Themen mehr in die Tiefe gehen zu können.

Wird berücksichtigt, dass es in der Schweiz über 300 Migrationskirchen gibt, bleibt die Nachfrage für diesen Theologiekurs voraussichtlich bis auf weiteres bestehen.

Für das Projektteam
Claudia Hoffmann
www.mirgrationskirchen-weiterbildung.ch

(Lic.theol. Claudia Hoffmann ist Assistentin für Aussereuropäisches Christentum in der Theologischen Fakultät der Universität Basel)

Christoph Kleine, **Der Buddhismus in Japan**. Geschichte, Lehre, Praxis, Tübingen: Mohr Siebeck 2011, XIII + 577 Seiten, 99,00 EUR

Kleines Buch ist im engeren Sinne religionsgeschichtlich angelegt: Es beginnt mit dem Eintritt des Buddhismus in Japan im 6. Jahrhundert und arbeitet sich vor bis zum Buddhismus des modernen Japan. Innerhalb dieses chronologischen Vorgehens wählt Verf. auch eine Einteilung in Lehrtraditionen, so dass ein selektives Lesen auch in Bezug auf eine einzelne buddhistische Schule möglich ist. Nachgezeichnet werden die politischen Konnotationen der aus Korea in Japan über die Königshäuser neu eingetretenen Religion, die den Japanern zum Zwecke einer politischen Allianz angedient wurde. Die enge Verbundenheit der Geschicke des Buddhismus bzw. bestimmter Zweige mit der herrschenden Politik sind in dieser Phase der ersten Jahrhunderte besonders deutlich. Die Ausdifferenzierung in die »Sechs Nara-Schulen« wird erläutert, besonders erwähnenswert ist die Darstellung der auf Nagarjuna zurückgehenden und von Kumarajiva nach China kommunizierten Sanronshu (52–67). Dem esoterischen Buddhismus in Gestalt der wichtigen Schule Shingonshu (und ihres japanischen Gründers Kukai) wird eine ausführliche Vorstellung gewidmet (128–171).

Das anfängliche Gegen- und schließlich Neben- und Miteinander von Buddhismus und Shinto gestaltete sich seit dem 8. Jahrhundert so, dass das Phänomen Jinguji (»Schrein-Tempel«) entstand. Kleine meint beobachten zu können, dass die systematisierende Kraft des Buddhismus allererst dazu beigetragen haben könnte, den Shinto zu einer eigenständigen Religion zu entwickeln (172f.). Aspekte wie die Militarisierung des Buddhismus durch die Entstehung von Mönchsarmeen in fast allen Klöstern, die Kultur der Wanderprediger und Bergasketen sowie der Yamabushi und des Shugendo als einer Form der Institutionalisierung dieser freischaffenden religiösen Praxis werden eingehend entfaltet. Dem großen Kapitel zum Buddhismus der Kamakura-Zeit (1185–1333, S. 232–476) schaltet Kleine eine ausführliche Erläuterung des Amida-Kultes in verschiedenen Milieus des japanischen Buddhismus vor. Das große Kamakura-Kapitel enthält bereits zahlreiche Hinweise auf spätere Entfaltungen und Prozesse, die weit über den Anfang des 14. Jahrhunderts hinausgehen. Ein sehr ausführlicher Abschnitt wird nun der »Nenbutsu-Bewegung« (232–328) gewidmet, mit der Kleine ganz bei seiner ursprünglichen Forschung (Honen) ist, es folgt der Zen-Buddhismus (328–394) und schließlich der Nichiren-Buddhismus bzw. die Bewegung um das Lotus-Sutra (394–436): drei Bewegungen, denen gemeinsam sei, dass sie den Buddhismus popularisiert und eine verstärkte Einwohnung in das japanische Umfeld bzw. Emanzipation von der chinesischen Herkunft betrieben haben. Mit dieser Einschätzung des »Kamakura-Buddhismus« folgt Kleine zunächst im Aufriss einem großen Teil der religionsgeschichtlichen Forschung zu Japan, die diese Phase geradezu zum »japanischen Reformationszeitalter« hochzuschreiben pflegt(e). Er wirft allerdings selbst einen kritischen Blick auf diese Sicht, die er besonders bei protestantisch geprägten Religionsforschern meint beobachten zu können (436–438). An dieser Zuschreibung sind Zweifel angebracht; wichtiger ist, dass Kleine den Versuch einer differenzierteren Hermeneutik der Schulrichtungen dieser Zeit bietet, um der Heterogenität gerecht zu werden, die sie entgegen dem verbreiteten Klischee abbildeten.

Nach einem kurzen Exkurs zu Frauen im japanischen Buddhismus gönnt Kleine der Leserschaft einen eher knappen Ausblick auf die Zeit von 1868 bis 1945 und darüber hinaus bis in die Gegenwart (477–494), entsprechend seiner Vorgabe, dass die Grundlagen des japanischen Buddhismus in der Vormoderne den Schwerpunkt des Buchs bilden sollen. Um die (fehlende) Dynamik des Buddhismus in der Meiji-Zeit zu erläutern, geht Kleine notwendigerweise auch auf das erneute Erstarken des Shinto in dieser Zeit ein. Zum gegenwärtigen Japan gehören Anmerkungen zu den nicht verlässlichen Religionsstatistiken sowie zu den buddhistischen Laienbewegungen Soka Gakkai und Risshokoseikai wie zuletzt zur Zeitgeistkonformität des Buddhismus: Hatte er sich während der Zeit des Totalitarismus und Krieges noch patriotisch und nationalistisch geriert, sei er nun friedensbewegt und ökologisch.

Bedauerlich an diesem ansonsten herausragenden Werk ist die eher schmal ausfallende Interdisziplinarität: Außer den regelmäßigen Verbindungen, die Kleine zur politischen Geschichte Japans nachzeichnet, wäre es sinnvoll gewesen, auch die allgemeine Kultur- und Sozialgeschichte stärker einzubeziehen, die in manchen Phasen der japanischen Geschichte einen erheblichen Einfluss auf die Religionsgeschichte geübt hat. Insgesamt jedoch bleibt unbenommen, dass das Buch von Kleine auf exzellente Weise eine Lücke füllt, die sich durch das Veralten früherer Werke ähnlicher Art geöffnet hatte, insbesondere Wilhelm Gunderts alte Einführung in die japanische Religionsgeschichte Japans (und Koreas) sowie die Darstellung des japanischen Buddhismus durch Alicia und Daigan Matsunaga. Das vorliegende Opus magnum ist flüssig geschrieben und bietet in übersichtlicher Form und unter steter Abwägung des neuesten Standes der Diskussion eine hervorragende Einführung in die wichtigen Denkströmungen des japanischen Buddhismus einschließlich seiner vorausliegenden Wurzeln in Indien und China.

Ulrich Dehn

Christine Lienemann-Perrin / Wolfgang Lienemann (Hg.), **Religiöse Grenzüberschreitungen. Studien zu Bekehrung, Konfessions- und Religionswechsel / Crossing Religious Borders. Studies on Conversion and Religious Belonging** (=Studien zur Außereuropäischen Christentumsgeschichte (Asien, Afrika, Lateinamerika) / Studies in the History of Christianity in the Non-Western World, 20), Wiesbaden: Harrassowitz Verlag 2012, X + 956 S., EUR 90,00

Es versteht sich von selbst, dass eine kurze Rezension diesem fast tausendseitigen Werk kaum gerecht werden kann – einem Band, der seine Fragestellungen und Erkenntnisinteressen in den Dimensionen individueller und kollektiver religiöser Identität, religionsrechtlicher Bestimmungen und missionarischer Praxis fasst und dann in konzentrischen Kreisen zur Darstellung bringt, die sich bestimmten inhaltlichen Schwerpunkten widmen und mit Detailstudien angereichert sind – von der Frage nach Identität und Konversion im Lebenslauf bis hin zu Problemen des Religionswechsels und der Religionsfreiheit zwischen verfassungsrechtlicher, politischer und gesellschaftlicher Realität.

Bereits in der Einführung wird eine theoretisch höchst anspruchsvolle Perspektive entwickelt: Nach sachlichen und begrifflichen Vorklärungen – z.B. der Bestimmung von Konversion als Prozess, der in einem komplexen sozio-religiösen Feld stattfindet – und einem begriffsgeschichtlichen Abriss,

der bis in alttestamentliche Überlieferungen zurückblickt, historische Konstellationen ausleuchtet und bis in die Gegenwart ausgezogen wird – erarbeitet Wolfgang Lienemann einen Idealtypus von »Konversion« bzw. »Konversionsprozessen« und entwickelt erste »Bausteine einer Theorie der Konversion«, die sich insbesondere an den theoretischen Entwürfen von Max Weber, Niklas Luhmann und Pierre Bourdieu orientieren.

Nur stichwort- und blitzlichtartig können hier einige Aspekte herausgehoben werden: Nicht nur die Fallstudie von Guy Thomas, der am Beispiel des kolonialen und postkolonialen Englischsprachigen Kamerun die Komplexität von »Konversion« historisch filigran aufzeigt, sondern alle geschichtlich orientierten Beiträge belegen, dass Religionswechsel bisweilen besser mit Kategorien der Hybridität als mit denen einer scharfen Grenzziehung und Grenzüberschreitung zu erfassen sind, mehr noch: dass das Phänomen der Hybridität »in vielen Epochen jenseits des *mainstreams* gefunden werden kann, wenn man nur danach zu suchen beginnt« (268). Gegenüber der Vielfalt des Umgangs der verschiedenen Kirchen und Denominationen mit Konversion – von konkurrenzorientierten Immunisierungsstrategien bis zu einer vagen »Basisökumene« – erscheint die Vision einer Vermeidung theologischer Indifferenz durch ökumenische Öffnung, wie im dritten Teil skizziert (S. 544f.), allerdings als vielleicht zu optimistisch. Ein besonders herausragendes wie herausforderndes Thema ist die Konversionsproblematik in solchen Kontexten, in denen missionarisch aktive christliche Minderheiten dominanten nicht-christlichen Mehrheitsreligionen gegenüberstehen, insbesondere dort und dann, wo und wenn diese selbst keine offene oder gar organisierte Mission praktizieren. Asien liefert Beispiele für die große Vielfalt der in den konkreten Kontexten vorfindlichen Situation. Trotz der langen Tradition religiöser Toleranz spiegeln die unterschiedlichen Fallstudien jedoch eine mehrheitlich von potenziellen oder tatsächlichen Konflikten geprägte Lage »vor Ort«. Insbesondere in der Begegnung mit »nicht-missionierenden« Gemeinschaften lässt sich eine grundlegende Asymmetrie konstatieren, bei denen die christlichen Minderheiten dem Vorwurf des illegitimen Proselytismus ausgesetzt sind und mit entsprechenden Reaktionen seitens der Mehrheitsgesellschaft und/oder des jeweiligen Staates zu rechnen haben. Letzteres führt direkt zur Frage nach den verfassungsrechtlichen, politischen und gesellschaftlichen Bedingungen, unter denen sich Konversionen vollziehen. Hier scheint das Fazit besonders ernüchternd: Während in westeuropäischen Kontexten »das Thema Konversion nicht unter der Kategorie ›Rechtsprobleme‹« verhandelt wird, stellt sich die Situation bereits in Osteuropa anders dar, ganz zu schweigen von manchen Ländern in Afrika und Asien, wo die politische Instrumentalisierung von Religion bisweilen dazu führt, die Freiheit der Religion, insbesondere des Religionswechsels, massiv einzuschränken. Dahinter zeigt sich »eine eindrückliche *Ungleichzei-*

tigkeit zwischen der westlichen Welt und der Rechtswirklichkeit auf anderen Kontinenten« (852), die auch ein unterschiedliches Verständnis der Menschenrechte widerspiegelt, wobei dem universalistischen Menschenrechtskonzept eine kulturalistische Interpretation entgegengehalten wird. Das jedoch läuft letztendlich »auf ein transkulturelles Bewertungsverbot von Menschenrechtsverletzungen hinaus« (853).

Der sechste Teil nimmt als »Auswertung und Ausblick« nochmals auf viele Aspekte der Beiträge Bezug und vertieft diese aus theologischer Perspektive. So präsentiert beispielsweise Christine Lienemann-Perrin eine Synopse unterschiedlicher Formen von Konversion und ihrer Interpretationen und entfaltet nochmals eine reflektierte Sicht auf die – auch theologisch – komplexe Situation, bei der sich allerdings zeigt, dass selbst die Verständigung auf einen »code of conduct« den Vorwurf des illegitimen Proselytismus nicht hat verstummen lassen. Die Replik von M. Thomas Thangaray auf Lienemann-Perrins Ausführungen verweist nochmals auf die Spannung und die daraus erwachsende Notwendigkeit eines »intensiven Gesprächs« zwischen »kulturellen« und »gegen-kulturellen« Aspekten christlicher Jüngerschaft. Auch dabei sollte allerdings die geschichtsformende Handlungsmacht des Konvertierten als Konvertierendem bestätigt und respektiert werden.

Herausgeberin und Herausgeber haben es übernommen, in einem auswertenden Schlussteil (»Konversionen als religiöse Grenzüberschreitungen«) auf der Grundlage der reichhaltigen Beiträge einen »Rückblick und Ausblick« zu versuchen. Selbst das kann angesichts der Vielschichtigkeit des Themas nicht mehr sein als »eine Art Zwischenbilanz« (923). Diese besteht – in Aufnahme der bereits in der Einführung angestellten Vorüberlegungen – aus der Zusammenstellung von Elementen einer »Typologie von Konversionen«, einer darüber hinausgehenden Zusammenstellung von »jenen von aussen her unanschaulichen Vorgängen ...«, die für die Lebensorientierung von Konvertiten wesentlich sind« (931; Konversion als »Widerfahrnis«, als Bedrohung und als Befreiung) sowie einer Reihe von »Verhaltens- und Handlungsempfehlungen für Konversionen in verschiedenen Kontexten« (936). Diese sollen dabei helfen, Konflikte um Konversion zu *entspannen*, wenngleich diese nicht so *gelöst* werden können, dass sie verschwinden. Für diese Form der Konflikttransformation legt sich die Orientierung an freiheitsrechtlichen Bezugsgrößen nahe (942), wobei eine Engführung auf staatlich verordnete Vorgaben vermieden wird. »Es geht hier nicht um die Legalität einer Freiheitsordnung, sondern um die Moralität einer interreligiösen Friedens- und Freiheitsordnung« (943). Vielmehr ist die Bereitschaft der Religionsgemeinschaften zu einem friedlichem Zusammenleben entscheidend, dessen »Grundlage nur die Anerkennung der Religionsfreiheit für schlechthin jeden Menschen sein kann« (ebd.).

Der Band ist nicht nur wegen seiner beinahe enzyklopädischen Fülle bemerkenswert, sondern auch aufgrund seiner beinahe »dialogischen« Anlage – so am fassbarsten im Auswertungsteil, in dem konkrete *Responses* zu den vorausgehenden Ausführungen vorliegen, sondern auch in den jeweiligen Zusammenfassungen der Einzelteile, in denen Querverbindungen aufgezeigt, Gemeinsamkeiten und Unterschiede herausgearbeitet, und weiterführende Perspektiven entworfen werden. Wer mag, kann natürlich immer etwas finden, was unberücksichtigt geblieben, zu kurz gekommen oder verkürzt dargestellt wurde – ich etwa hätte mir beispielsweise durchaus vorstellen können, die Debatte um »African Conversion« ausführlicher zu würdigen. Das aber würde weder der Intention noch der ebenso breit wie tief angelegten Gesamtperspektive des Buch gewordenen Großprojekts gerecht. So bleibt als greifbarstes Monitum, dass der Band kein Register enthält. Künftige Diskussionen, insbesondere (missions)theologische, werden sich an den hier gesetzten Standards zu orientieren haben.

Klaus Hock

Livia Loosen, **Deutsche Frauen in den Südsee-Kolonien des Kaiserreichs. Alltag** und Beziehungen zur indigenen Bevölkerung, 1884–1919, Bielefeld: Transcript Verlag 2014, 678 S., EUR 49,99

Dies ist eine sehr umfangreiche Dissertation, die an der Universität Erfurt angenommen worden ist. Sie stützt sich auf eine umfangreiche Auswertung von relevanten historischen Quellen, vornehmlich Briefen und Tagebüchern und selbstverständlich der kolonialen Literatur und den Akten aus relevanten Missionsarchiven, dem Bundesarchiv in Berlin sowie den Nationalarchiven Neuseelands, Australiens und Samoas. Auch die neueste Forschungsliteratur findet adäquate Berücksichtigung. Ohne Zweifel handelt es sich um eine der ausführlichsten, qualitätsvollsten und zudem gut lesbaren Studien sowohl zur Kolonial- und Missionsgeschichte der Südsee, wie auch zur feministischen überseeischen Geschichtsschreibung.

Freilich vermengt Livia Loosen trotz Berücksichtigung der beiden Bereiche nicht Kolonial- und Missionshistoriographie, jedoch stellen die Archivbestände über die missionarische Tätigkeit von Frauen in den deutschen Südsee-Kolonien umfangreiche und aussagefähige Quellen für ihre Thematik dar. Es ist interessant, die Verbindungen von Missions- und Kolonialgeschichte sowie ihre gegenseitige Abgrenzung an einem Fallbeispiel mehr oder minder direkt vorgeführt zu bekommen.

Dabei stehen die Schilderungen des Alltagslebens von Frauen in den deutschen Kolonialgebieten in der ozeanischen Inselwelt im Mittelpunkt. Livia Loosen legt besonderen Wert auf die Analyse der Beziehungen der Frauen zur indigenen Bevölkerung sowie auf Fragen zum Geschlechterverhältnis und möglichen Emanzipationsspielräumen. Ihre Studie zeigt, dass sich die Situation von europäischen Frauen in

den deutschen Südsee-Kolonien in vielerlei Hinsicht von der in den bislang unter dieser Fragestellung untersuchten anderen deutschen Kolonien nicht unwesentlich unterscheidet. Unter anderem besaßen die dort lebenden deutschen Frauen einen höheren Emanzipationsgrad. Dies liegt nicht zuletzt an der riesigen Wasserfläche und den zerstreut liegenden Inseln sowie der daraus resultierenden oftmaligen Isolation.

Vor allem liegt der Wert des Buches darin begründet, dass es möglich war, ein differenzierteres Bild vom Leben der Frauen in deutschen Kolonien zu zeichnen. Denn es wurde herausgearbeitet, dass es nicht *die* Frau in der deutschen Südsee-Kolonie gab. Je nach eigenem Bildungsstand, sozialer Herkunft und vor allem je nach Tätigkeit oder beruflicher Aufgabe des Mannes, je nach dem damit verbundenen sozialen Status, je nach Aufenthaltsdauer und je nach Region und Wohnlage konnten die Frauen ganz unterschiedliche Erfahrungen in ihrer neuen oder zeitweiligen Heimat sammeln und verarbeiten. Für diese Studie konnten selbstverständlich nur diejenigen Erfahrungen ausgewertet werden, die die Protagonistinnen zu Papier brachten und somit für die Verfasserin zur Analyse bereitstanden.

Gegliedert hat sie dafür ihr Buch neben Einleitung, Fazit und Anhang in vier jeweils weiter untergliederte Hauptkapitel. Im ersten werden wichtige Hintergründe für den deutschen Kolonialismus umrissen und aufgezeigt, welche Faktoren die Auswanderung von Frauen aus Deutschland in die Südsee begünstigten sowie welche

Rolle die christlichen Missionsgesellschaften in dieser Weltregion spielten und welche Anziehungskraft sie auf die deutschen Frauen besaßen. Der sich anschließende Komplex geht auf den kolonialen Alltag in den Kolonien ein, gegliedert nach Missionsangehörigen, Ehefrauen von Pflanzern, Beamten sowie Krankenschwestern und Lehrerinnen. Immer wieder kommt die Verfasserin auch auf die – wenn auch wenigen – weiblichen Forschungsreisenden zurück. Ein weiteres Hauptkapitel ist explizit der Begegnung der deutschen Frauen mit der indigenen Bevölkerung gewidmet. In diesem Zusammenhang wird das Problem der sogenannten Mischehen-Debatte behandelt. Das letzte Hauptkapitel beschäftigt sich mit dem Ersten Weltkrieg und seinen Folgen in der Südsee und erläutert, warum und auf welchem Wege die Frauen nach Europa zurückkreisten.

Trotz der Vielzahl der behandelten Einzelthemen und der Ausführlichkeit so mancher Schilderungen liest sich das Buch spannend, und die Schlussfolgerungen sind sicherlich auch für einen mit der Thematik nicht so eng Vertrauten einsichtig und nachvollziehbar. Erwähnenswert, weil sehr verdienstvoll, ist das namentliche Verzeichnis der deutschen Frauen, die sich in dem behandelten Zeitraum in den deutschen Südsee-Kolonien des deutschen Kaiserreichs aufhielten.

Zweifelsohne handelt es sich um eine wegweisende Studie zur deutschen Kolonialgeschichte, die wesentliche Elemente der Missionsgeschichte der Südsee einbezieht. Sie ist nicht nur ein Meilenstein, sondern ein Fundament für weitere Forschungen zur deutschen Kolonial- und Missionsgeschichte.

Ulrich van der Heyden

Hermann Mückler, **Missionare in der Südsee. Pioniere, Forscher, Märtyrer. Ein biographisches Nachschlagewerk** (=Quellen und Forschungen zur Südsee, Reihe B: Forschungen, Bd. 6), Wiesbaden: Harrassowitz Verlag, 2014, 480 S., EUR 86,00

So ein biographisches Nachschlagewerk zur Missionsgeschichte einer bestimmten Region hat es im internationalen Maßstab noch nicht gegeben. Der an der Universität Wien lehrende Hermann Mückler vereint in seinem vorliegenden Lexikon die Kurzlebensläufe von über 1700 katholischen und protestantischen Missionaren, Missionarinnen und Missionsschwestern aller in der Südsee tätigen Kirchen, Missionsgesellschaften und Orden. Wenn auch in gebotener Kürze dargelegt, so wird doch deutlich, dass die zumeist aus Europa kommenden Menschen durch ihren Glauben geleitet wurden, um in der für sie völlig fremden Inselwelt Entscheidendes für die Christianisierung der indigenen Bevölkerung zu leisten. Darüber hinaus waren die Missionare geographische Entdecker, Heilsbringer, Krankenpfleger, Lehrer, Ärzte, Forscher und wurden oftmals, wie es schon im Untertitel heißt, zu Märtyrern. Denn die ersten von ihnen waren in eine für Europäer vollkommen unbekannte Welt gereist, mit schwierigen klimatischen und hygienischen Bedingungen. Sie mussten mit sprachlichen und kulturellen Barrieren zurechtkommen und sich auch der Ablehnung und Feindschaft der »Heiden« erwehren.

Es ist eine gewaltige Arbeit, die Hermann Mückler gemeistert hat. Er hat über Jahre hinweg die biographischen Daten der zwischen dem 17. und dem 20. Jahrhundert in die Südsee gelangten christlichen Missionare mit ihren wichtigsten Lebensdaten erfasst. Der Verfasser betrachtet sein Lexikon als »Einstiegsquelle« (S. 16) zu weiterführenden Forschungen zur Missionsgeschichte in Ozeanien. Dazu ist in der Tat der voluminöse Band bestens geeignet, jedoch ist er auch ein nützliches Nachschlagewerk, welches jeder an der Missionsgeschichte der Südsee Interessierte zu nutzen wissen wird. Mückler beschreibt in der Einleitung sein Vorhaben wie folgt: Die Idee war »eine schnelle und verlässliche Erstinformation zu jenen Schlüsselpersonen, welche die christliche Mission in ihren Anfangsphasen in Ozeanien vorangetrieben haben, zu erstellen. Dieses Verzeichnis beinhaltet die biographischen Eckdaten sowie Details, welche die jeweilige Person auszeichnen und deren spezifisches Werk illustrieren« (S. 9). Leistungen, Erfolge und zuweilen Gründe für das Scheitern der einzelnen Missionare werden in den Kurzbiographien ebenso thematisiert, jedoch auch wichtige Informationen zur Nachhaltigkeit und Bedeutung ihrer missionarischen, linguistischen und ethnographischen Arbeit für die heutigen Forschungen gegeben.

Keine Aufnahme haben noch lebende Missionare gefunden sowie solche, die in Gebieten mit bereits etablierten Kirchen ihre missionarische und pastorale Arbeit verrichteten.

18 Kartenskizzen erlauben eine geographische Orientierung. Eine spezielle Bibliographie mit der wichtigsten Fachliteratur zur Geschichte der Kolonisierung und Missionierung der Südsee ist ebenfalls sehr hilfreich.

Es fällt nicht schwer, dieses Nachschlagewerk als eines der bedeutendsten Werke der außereuropäischen Missionsgeschichte zu bezeichnen. Es sollte in keiner missionswissenschaftlichen Bibliothek fehlen.

Ulrich van der Heyden

Ulrich Dehn, **Weltweites Christentum und ökumenische Bewegung**, Berlin: EB-Verlag 2013, 221 S., EUR 19,80

»Ich möchte zur Verunsicherung beitragen, aber auch andeuten, wie dem Dilemma beizukommen wäre.« (9) Programmatisch benennt bereits das Vorwort des vorliegenden, mit tabellarischen Stoffzusammenfassungen versehenen Lehr- und Studienbuches die didaktische Absicht des Autors, die in zwei einleitenden Kapiteln ausführlich erläutert und fundiert wird: Einer »allemal« spürbaren Fremdheit in der Wahrnehmung von Interkulturalität und weltweitem Christentum stehe »eine gewisse hermeneutische Naivität und vermeintliche Blicksicherheit« gegenüber, die es zu irritieren, aber auch zu klären gelte. Dafür setzt Dehn methodisch auf den Theorieansatz eines interaktionistischen Konstruktivismus, dessen Anwendung zu »Kränkungsbewegungen im Wahrnehmungsprozess« (27) führt, weil er die Wahrheitsfähigkeit einzeln eingenommener Perspektiven grundsätzlich anzweifelt. Dehn sieht damit »die wissenschaftliche Beschäftigung mit dem weltweiten Christentum im Stadium einer hermeneutischen Neuerfindung« (29). Diese wissenschaftstheoretischen Leitgedanken bleiben im Buch durchweg präsent, allerdings »nur implizit« (30). Eine Positionierung innerhalb der Debatte um die Verwendung des Begriffs »interkulturelle Theologie« beispielsweise erfolgt nur insoweit, als unter Hinweis auf den noch nicht ausreichend geklärten Begriffsgehalt seine programmatische Verwendung abgelehnt wird zugunsten des Ausdrucks »weltweites Christentum«, der auch international anschlussfähiger erscheine.

Das 3. Kapitel über Missionstheologie bietet unter der Überschrift »Historischer Rückblick und letzte Ausläufer« (31) eine kunstvoll komponierte Einführung in Entwicklungszusammenhänge und konstatiert für die Gegenwart Theoriedefizite bei auf Konversion zielenden Missionstheologien. Die Lausanner Bewegung findet im Textteil nur hier Erwähnung. Eine Schwerpunktsetzung zugunsten sozialethischer Ökumene erfährt ihre Rechtfertigung im Zentrum der Analyse zum missionstheologischen Programmbegriff »missio Dei«: »[D]ie eigentliche kopernikanische Wende« (42) der Missionstheologie bestehe nicht in ihrer trinitarischen Verankerung, sondern im Fragen nach dem Willen Gottes für seine Schöpfung.

Das Referat zum Einheitsgedanken der ökumenischen Bewegung im 4. Kapitel legt entsprechend Wert auf sozial- und industriegeschichtliche Kontextualisierung. Ein eigener Unterabschnitt erfasst verschiedene Einigungsmodelle, deren Leitbegriffe erläutert werden. In der exemplarischen Einzeldarstellung wird das anglikanische Lambeth-Quadrilateral eingehend behandelt, während Entwicklungen der Leuenberger Gemeinschaft / GEKE oder – für den deutschen Kontext naheliegend – in der EKU / UEK keine Berücksichtigung finden. Beide ökumenischen Verbünde hätten Beispiele für das bis heute andauernde Ringen um ein Entsprechungsverhältnis zwischen verborgener und sichtbarer Kirche geben können. Für Dehn ist aber dieses Ringen schon entschieden. Er sieht Bestrebungen zur organisatorischen Einigung gar unter Fundamentalismusverdacht (75) und lässt die Chronologie zum Einheitsgedanken bereits 1991 und mit folgender Notiz zur ÖRK-Vollversammlung in Canberra enden: »unterschwellige Ablösung des theologischen und organisatorischen Einheitsgedankens durch informelle Netzwerke« (77).

Der Sozialethik als dem neben Missionsidee und Einheitsgedanke »dritte[n] treibende[n] Motiv der ökumenischen Bewegung« (78) sind Kapitel 5–6 gewidmet. Dem Referat zur Genfer Weltkonferenz für Kirche und Gesellschaft 1966 und der ÖRK-Vollversammlung in Uppsala 1968 folgen Porträts Friedrich Siegmund-Schulzes und Nathan Söderbloms – in dieser Reihenfolge, und damit auch den Beitrag des Weltbundes für Freundschaftsarbeit der Kirchen besonders würdigend. Einschlägige Programme und Dekaden des ÖRK werden vorgestellt. Für die Entwicklung weltweiter Ökumene wird »eine komplexe Bewegung ohne markierbare Fortentwicklungen oder Kontinuitäten« (111) konstatiert, deren Stärke in Aufbau und Unterstützung gesellschaftspolitisch aktiver, »dezentrale[r] Programme, Netzwerke und Initiativen« liege.

Der Verarbeitung solcher kontextspezifischer Impulse in eigenen theologischen Ansätzen wenden sich Kapitel 7 und 8 zu: Bevor insgesamt zehn ausgewählte Entwürfe und Paradigmen aus Asien, Afrika und Lateinamerika vorgestellt werden, finden für das Wachstum europäisch-theologischer Selbstkontextualisierung wichtige Diskurse Berücksichtigung (M. M. Thomas, Klauspeter Blaser). Ein Phasenmodell zur Wahrnehmung kontextueller Theologie und eine Einteilung in Epochen theologischer Entwicklung in südlichen Kontinenten werden vorgeschlagen.

Die Betrachtungen zu Entwicklungen innerhalb der durch den ÖRK repräsentierten Ökumene scheinen damit abgeschlossen; mit Kapitel 9 folgt ein sehr knapp gehaltener Überblick über kirchliche Gesprächsentwicklungen im evangelisch-römisch-katholischen Verhältnis.

Den Blick erneut weitend, werden im Schlussteil vier jüngere kulturwissenschaftliche Theorieansätze vorgestellt, »die auch zum Thema der Wahrnehmung des weltweiten Christlichen wirkmächtig geworden sind« (168): die christlich-theologisch bereits eingehend rezipierten von René Girard, Clifford Geertz und Jan Assmann, aber auch der im Anschluss an Geertz für die »Writing-Culture-Debatte« impulsgebende von James Clifford. Das darauffolgende letzte Textkapitel zu postkolonialer Theorie und Theologie lässt sich als Explikation hierzu lesen: Mit den Namen von R. S. Sugirtharajah, Kwok Pui-Lan und Joerg Rieger stehen drei Konzepte postkolonialer Theologie im Mittelpunkt der Darstellung, die sich der Bündelung kulturwissenschaftlicher, ideologiekritischer und biblisch-theologischer Diskursstränge widmen. Eine Übersicht über »Stationen des weltweiten Christentums und der ökumenischen Bewegung« (192) beschließt das reichlich 200-seitige Werk.

Der Autor hat mit diesem Buch einen engagierten Diskussionsbeitrag in selbstgewählter Beschränkung und Parteilichkeit vorgelegt. Als Studienbuch ist es daher eher Fortgeschrittenen zu empfehlen. Seine Grundanliegen vermag das Werk verlässlich zur Geltung zu bringen: Es trägt zur Verunsicherung vermeintlicher Blicksicherheit bei und gibt Hinweise auf mögliche Neuorientierungen. Lesende werden angeregt nicht nur zur Entschlüsselung von Subtexten und zu eigener Explikation des Implizierten; sie werden auch herausgefordert zum Weiterdenken in Übereinstimmung und Gegenrede.

Eckhard Zemmrich

Berufungen und Ehrungen

Prof. Dr. Dr. h.c. mult. **Martin Tamcke** (59) ist von der schwedischen Universität in Turku/Finnland (Abo Academi) wegen seiner Verdienste um die Erforschung der Koexistenz zwischen orthodoxen Christen und Muslimen mit einem weiteren Ehrendoktor ausgezeichnet worden. Tamcke hat zu diesem Thema mehrere Standardwerke verfasst, u.a. »Christen in der Islamischen Welt«.

Prof. Dr. Perry **Schmidt-Leukel** (60), Direktor des Seminars für Religionswissenschaft und Interkulturelle Theologie der Evangelisch-Theologischen Fakultät der Universität Münster, ist als erster deutscher Wissenschaftler seit dreißig Jahren eingeladen, in Schottland die renommierten »Gifford-Lectures« zu halten. Seit 1888 laden die Universitäten Edinburgh, Glasgow, St. Andrews und Aberdeen zu der Vorlesungsreihe ein.

Prof. Dr. **Dirk-Martin Grube** (53), bisher Inhaber des Lehrstuhls für Religionsphilosophie an der Universität Utrecht, hat seit August 2014 den Lehrstuhl Religious Diversity and the Epistemology of Theology/Religion an der VU University Amsterdam inne.

Das Pfarrerehepaar Dr. **Gabriele** (46) und Dr. **Hanns** (49) **Hoerschelmann** bildet die neue Leitung von Mission EineWelt in Neuendettelsau. Gabriele Hoerschelmann lehrte am Lutheran Theological Seminary in Hong Kong; ihr Mann war dort Pfarrer der deutschsprachigen Auslandsgemeinde.

Dr. **Klaus Schäfer** (61) wurde während der IX. Generalversammlung des Zentrums für Mission und Ökumene in Breklum in seiner Funktion als Direktor wiedergewählt. Schäfer leitet das Werk seit 2005. Da der Berufungszeitraum nach zehn Jahren mit dem Juni 2015 endet, war die Wahl nötig geworden.

Dr. **Traugott Farnbacher** (61), Referent für Papua-Neuguinea, Pazifik und Ostasien bei Mission EineWelt, wird für sein Engagement für die ökumenische Zusammenarbeit der Partnerkirchen im Pazifik durch das Pacific Theological College die Ehrendoktorwürde verliehen.

Dr. **Henriette Lebang** (62) ist die erste Frau an der Spitze des indonesischen Kirchenrates. Sie setzte sich bei der Wahl gegen fünf männliche Kandidaten durch. Der Kirchenrat wurde 1950 gegründet und vertritt rund achtzig Prozent der indonesischen Protestanten.

Dr. **John Mbiti** (83), anglikanischer Priester aus Kenia und emeritierter Professor der Universität Bern, hat als erster afrikanischer Theologe das Neue Testament in die kenianische Sprache Kikamba übersetzt.

Dr. **Munib A. Younan** (64), Bischof der Evangelisch-Lutherischen Kirche in Jordanien und im Heiligen Land und Präsident des Lutherischen Weltbundes, hat für seinen Einsatz für Versöhnung in der konfliktbeladenen Region und sein ökumenisches Engagement die Ehrendoktorwürde der Evangelisch-Theologischen Fakultät der Universität Münster erhalten.

Dr. **Verena Grüter** (53) wurde von der Bundesvereinigung Deutscher Chorverbände in die dreiköpfige künstlerische Leitung des interreligiösen Musikfestivals Musica Sacra International berufen. Das Festival findet seit 1992 im zweijährlichen Rhythmus im Ostallgäu statt und bringt musikalische Klänge verschiedener Religionsgemeinschaften zu Gehör.

Die südkoreanische Komponistin **Younghi Pagh-Paan** (70) wird im Rahmen des Festivals Europäische Kirchenmusik, das vom 17. 7. bis 9. 8. 2015 in Schwäbisch Gmünd stattfindet, mit dem Preis Europäische Kirchenmusik ausgezeichnet. Damit ehrt die Stadt die Verdienste der Künstlerin um interkulturelle zeitgenössische geistliche Musik, die traditionelle koreanische mit »westlichen« Kompositionstechniken verbindet.

Neue Promotionen und Habilitationen

Acheampong, Joseph Williams (Universität Hamburg, Promotion, 2015): »I will pass over you: The relevance of the Passover to the understanding of salvation in contemporary Ghanaian Pentecostalism – A critical reflection from an Akan perspective«.

Birdsall, S. Douglas (Oxford Centre of Mission Studies/Middlesex University, Ph.D., 2013): »Conflict and Collaboration: A Narrative History and Analysis of the Interface between the Lausanne Committee for World Evangelization and the World Evangelical Fellowship, the International Fellowship of Evangelical Mission Theologians, and the AD2000 Movement«.

Cochrane, Steve (Oxford Centre of Mission Studies/Middlesex University, Ph.D., 2014): »From Beit Abhe to Angamali: Connections, Functions and Roles of the Church of the East's Monasteries in Ninth Century Christian-Muslim Relations«.

Jathanna, Gladson, Mandagadde/Karnataka/Indien (Georg-August-Universität Göttingen, Promotion, 2013): »Mode of Mutuality in the Margins of Mission: Hermannsburg Women's Mission in India«

Markiewicz, Sarah, (Humboldt-Universität Berlin , Promotion, 2014): »The Genesis and Fruits of the Open Letter, A Common Word between us and you«.

Geburtstage

90 Jahre: am 9.6.2015 Prof. em. Dr. **Horst Bürkle,** zwischen 1968 und 1987 Direktor des Instituts für Missions- und Religionswissenschaft in der Evangelisch-Theologischen Fakultät der Ludwig-Maximilians-Universität München, danach bis zu seiner Emeritierung im Jahr 1991 Professor am Seminar für Christliche Weltanschauung, Religions- und Kulturtheorie der LMU.

85 Jahre: am 22.4.2015 Dr. **Günter Renck,** als Missionar der Leipziger Mission seit 1956 in Papua-Neuguinea, von 1987 bis zu seinem Ruhestand 1995 im Auftrag des Nordelbischen Missionszentrums als Dozent am Senior-Flierl-Seminar in Logaweng.

80 Jahre: am 1.5.2015 Landesbischof i.R. **Eberhard Renz,** zuvor Pfarrer im Dienst für Mission und Ökumene in Württemberg, Afrika-Referent der Basler Mission und Referent für Mission und Ökumene im württembergischen Oberkirchenrat.

80 Jahre: am 17.5.2015 Prof. em. Dr. **Hans-Jürgen Prien,** ab 1986 Inhaber des Lehrstuhls für Kirchengeschichte an der Universität Marburg und von 1992 bis zu seiner Emeritierung Professor für Iberische und Lateinamerikanische Geschichte an der Universität Köln.

75 Jahre: am 18.4.2015 Dr. **Klaus Roeber,** der beim Evangelischen Missionswerk in Hamburg (EMW) verantwortlich war für die Zusammenarbeit mit den Mitgliedern der Asiatischen und Mittelöstlichen Kirchenkonferenz.

75 Jahre: am 30.4.2015 Prof. em. Dr. **Theo Ahrens,** zunächst im Auftrag der Leipziger Mission in Papua-Neuguinea tätig, von 1987 bis zu seiner Emeritierung 2005 Inhaber des Lehrstuhls für Missionswissenschaft und Ökumenische Beziehungen an der Universität Hamburg.

70 Jahre: am 21.4.2015 Dr. **Klaus Müller,** zunächst als Missionar in Mikronesien tätig, seit 1981 Dozent an der Freien Hochschule für Mission in Korntal und später an der Freien Theologischen Hochschule Gießen.

70 Jahre: am 10.6.2015 Prof. em. Dr. **Werner Ustorf,** von 1990 bis zu seiner Emeritierung 2010 Professor für Missionstheologie und Interkulturelle Theologie an der School of Historical Studies an der University of Birmingham/Großbritannien.

65 Jahre: am 8.6.2015 Prof. Dr. **Dieter Becker,** von 1983 bis 1989 im Auftrag der Vereinten Evangelischen Mission Dozent an der Theologischen Hochschule der Toba-Batakkirche in Pematangsiantar /Indonesien, seit 1993 Inhaber des Lehrstuhls für Interkulturelle Theologie, Missions- und Religionswissenschaft an der Augustana-Hochschule Neuendettelsau.

Todesnachrichten

Prof. Dr. **Lothar Schreiner** verstarb am 1. Januar 2015 im Alter von 89 Jahren. Schreiner, der 1925 in Hamburg zur Welt gekommen war, lehrte von 1956 bis 1965 als Dozent an der theologischen Fakultät der Nommensen-Universität der HKBP in Pematangsiantar/ Indonesien. 1969 wurde er in Heidelberg habilitiert mit einer Arbeit über »Adat und Evangelium, zur Bedeutung der altvölkischen Lebensordnungen für Kirche und Mission unter den Batak in Nordsumatra«. Von der Errichtung des Lehrstuhls für Missions- und Religionswissenschaft an der Kirchlichen Hochschule in Wuppertal im Jahr 1972 an war er bis zu seinem Ruhestande 1992 der erste Lehrstuhlinhaber. Auch im Ruhestand hat Schreiner sich zusammen mit seiner Frau ehrenamtlich für die *Vereinte Evangelische Mission* engagiert, u.a. als Ansprechpartner für indonesische Stipendiaten in Deutschland.

Prof. Dr. **Martin Riesebrodt** ist am 6. Dezember 2014 im Alter von 66 Jahren verstorben. Riesebrodt hat Ethnologie, Soziologie und Bildungswissenschaft studiert und sich mit einer Arbeit über religiösen Fundamentalismus in den USA und im Iran habilitiert. Von 1990 bis 2011 war er Professor an der Divinity School und dem Department of Sociology der University of Chicago. Als Religionssoziologe war er Experte für religiösen Fundamentalismus.

Jutta Bergmann, Tochter des Missionars Christian Keyßer und seiner Frau Emilie, ist im Alter von 107 Jahren am 4. Januar in Neuendettelsau verstorben. Bergmann wurde 1907 in Sattelberg in Papua-Neuguinea geboren. 1921 kam sie nach Neuendettelsau, wo sie die Industrieschule der heutigen Diakonie besuchte. 1932 heiratete sie in Papua-Neuguinea den Missionar Fritz Bergmann, der kurz nach der Hochzeit an einer schweren Krankheit verstarb. Von 1938 bis 1980 arbeitete Jutta Bergmann im Missionswerk Bayern mit.

Sonstiges

Die *Philosophisch-Theologische Hochschule St. Georgen* in Frankfurt am Main hat eine Stiftungsprofessur mit der Bezeichnung *Katholische Theologie im Angesicht des Islam* eingerichtet. Ziel ist es, katholische Theologinnen und Theologen zu kompetenten Gesprächspartnerinnen und Gesprächspartnern im Dialog mit dem Islam auszubilden. Inhaber der Juniorprofessur ist Dr. *Tobias Specker SJ* (43).

Die *Evangelischen Allianz* hat auf ihrer Mitgliederversammlung im Januar 2015 in Bergneustadt beschlossen, den *Arbeitskreis für evangelikale Missiologie* (AfeM) umzubenennen in *Evangelischer Arbeitskreis für Mission, Kultur und Religion*. Vorerst wird jedoch die Abkürzung AfeM beibehalten.

Die *Evangelische Kirche im Rheinland* hat im Rahmen ihrer Synode in Bad Neuenahr im Januar unter dem Titel »Gerade jetzt gemeinsam« ein Papier verabschiedet, das vor dem Hintergrund der Terroranschläge in Paris zum gemeinsamen Einsatz von Christen, Juden und Muslimen für ein friedliches Zusammenleben auffordert. Präses Rekowski kündigte die Einrichtung einer Internetseite unter der Adresse www.gerade-jetzt-gemeinsam.de an.

In *Myanmar* fordern buddhistische Mönche ein Gesetz, das Eheschließungen zwischen buddhistischen und muslimischen Partnern verhindern soll. Buddhistische Frauen sollen nur noch buddhistische Männer heiraten dürfen; muslimische Männer sollen vor einer Ehe mit einer Buddhistin zur Konversion gezwungen werden. Im Hintergrund steht die blutige Verfolgung der muslimischen Ethnie der Rohingya durch nationalistisch-buddhistische Gruppierungen.

In *Indonesien* verstärken islamische Extremisten nach dem Vorbild der islamistischen Gruppen *Islamischer Staat* ihre Angriffe auf Christen. In Java mussten bereits mehrere evangelische und katholische Kirchen geschlossen werden. Auch Schiiten und gemäßigte Muslime sind den Angriffen ausgesetzt.

In dem Rechtsstreit um den Gebrauch des Wortes »Allah« in der malaiischen Bibelausgabe ist die katholische Kirche von Malaysia endgültig unterlegen.

Das Bundesgericht in Malaysia gab damit der Position der Regierung recht, die den Gebrauch des Wortes Muslimen vorbehalten will. In dem Gebrauch des Wortes durch Nicht-Muslime sieht die Regierung die Gefahr der Verwirrung und des Missbrauchs zur Bekehrung von Muslimen.

Ein Bundesgericht hat in der argentinischen Hauptstadt *Buenos Aires* vier ehemalige Militärs verurteilt, die für Menschenrechtsverbrechen während der Militärdiktatur für schuldig befunden wurden. Federico Minicucci (82), Jorge Crespi (80), Gustavo Cacivio (71) und Néstor Cendón (66) waren des Mordes, der Entführung und der Folter im geheimen Folterlager *El Vesubio* in Buenos Aires in über zweihundert Fällen angeklagt. Zu ihren Opfern zählte auch Elisabeth Käsemann, die Tochter des Tübinger Neutestamentlers, die 1977 im Alter von dreißig Jahren in diesem Folterzentrum getötet worden war.

Termine

Am 21.3.2015 findet in Köln die diesjährige Missionale statt.

Mit einem ökumenischen Gedenkgottesdienst wird am 23.4.2015 im Berliner Dom der rund 1,5 Millionen Opfer des Völkermordes an den ArmenierInnen gedacht, die am 24.4.1915 mit einer Verhaftungswelle armenischer PolitikerInnen und Intellektuellen in Istanbul begann. Der Genozid an den ArmenierInnen im Osmanischen Reich wurde auch vom Deutschen Reich als dem Kriegsverbündeten mit unterstützt.

Die Basler Mission feiert im Jahr 2015 ihr 200-jähriges Bestehen und hat aus diesem Anlass zahlreiche Veranstaltungen geplant: Am **27.3.2015** findet ein Ehemaligentag statt. Zwischen dem **29.3.** und dem **12.4.** ist das Musical»Das Grab des weißen Mannes« zu sehen. Am **21.5.** eröffnet die Ausstellung im Museum der Kulturen und am **12.6.** findet eine internationale Jugendbegegnung statt. Für die Woche vom **8. bis 14.6.** ist eine Internationale Festwoche in Basel geplant. Mehr Informationen unter http://www.missionmoves.org/de/.

(Zusammengestellt am Lehrstuhl für Interkulturelle Theologie und Religionswissenschaft der Augustana-Hochschule von Dr. Verena Grüter, Waldstraße 11, D-91564 Neuendettelsau. Bitte senden Sie Informationen und Hinweise an petra-anna-goetz@augustana.de bzw. Fax: 09874/509-555.)

Christian Grethlein
Evangelisches Kirchenrecht
Eine Einführung

232 Seiten | 12 x 19 cm | Paperback
ISBN 978-3-374-04067-4
EUR 18,80 [D]

Evangelisches Kirchenrecht verdankt sich grundlegend der reformatorischen Kritik am kanonischen Recht. Es gewann aber erst nach dem Ende des landesherrlichen Kirchenregiments in einem längeren, regional und konfessionell unterschiedlich verlaufenden Prozess eigene Gestalt. Es entstanden Kirchenverfassungen, Verwaltungsstrukturen, Lebensordnungen, Dienst- und Arbeitsrecht sowie kirchliche Gerichte. Sie werden jeweils an typischen Beispielen vorgestellt und in ihrem theologischen und rechtlichen Gehalt erläutert.

Dabei begegnen Probleme, die von Neuem die Frage nach Verständnis und Gestalt des Evangelischen Kirchenrechts stellen. So entsteht der Vorschlag für eine neue Rahmentheorie: Evangelisches Kirchenrecht regelt unter den Bedingungen einer Optionsgesellschaft Kommunikationen, die die Kommunikation des Evangeliums fördern sollen.

EVANGELISCHE VERLAGSANSTALT
Leipzig www.eva-leipzig.de

Tel +49 (0) 341/ 7 11 41 -16   vertrieb@eva-leipzig.de

Peter Poscharsky
Gestalteter Glaube
Gesammelte Aufsätze aus der Christlichen
Archäologie und Kunstgeschichte

600 Seiten | 15,5 x 23 cm | Hardcover
mit zahlreichen Abb.
ISBN 978-3-374-03073-6
EUR 68,00 [D]

Die Aufsätze des 1932 in Leipzig geborenen emeritierten Lehrstuhl-
inhabers für Christliche Archäologie und Kunstgeschichte an der
Friedrich-Alexander-Universität Erlangen-Nürnberg gehen der Frage
nach der materialen Gestalt des christlichen Glaubens im Schnittfeld
von Kunstwissenschaft und Theologie nach. Sie gewähren zugleich
Einblick in Peter Poscharskys vielfältige Forschungsschwerpunkte,
die von der spätantiken wie byzantinischen Kunstgeschichte über die
protestantische Ikonographie und die Geschichte des evangelischen
Kirchenbaus ab dem 16. Jahrhundert bis zur Gegenwart reichen. Interessant ist dabei, wie Poscharsky auch das Verhältnis von zeitgenös-
sischer Kunst und christlichem Glauben sowie die evangelische Para-
mentik mit einbezieht.

EVANGELISCHE VERLAGSANSTALT
Leipzig www.eva-leipzig.de

Tel +49 (0) 341/ 7 11 41 -16   vertrieb@eva-leipzig.de